王定铜 主编

教师专业发展的
理论与实务

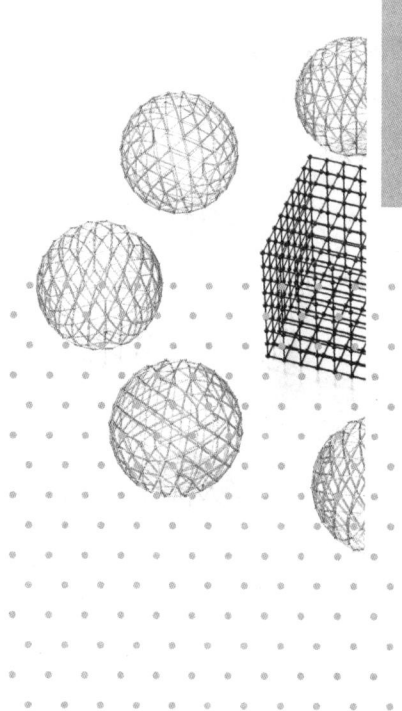

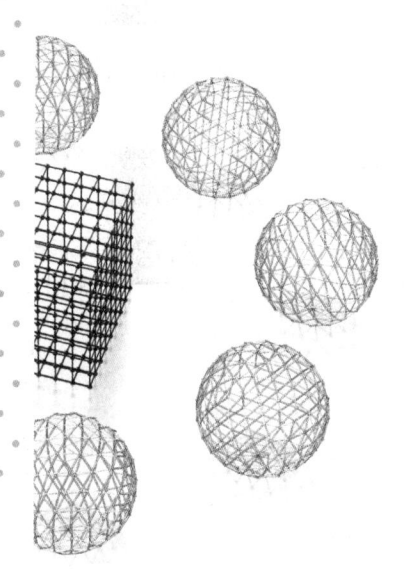

华东师范大学出版社
·上海·

图书在版编目（CIP）数据

教师专业发展的理论与实务 / 王定铜主编. —上海：华东师范大学出版社，2020
ISBN 978-7-5760-0721-3

Ⅰ.①教… Ⅱ.①王… Ⅲ.①师资培养-研究 Ⅳ.①G451.2

中国版本图书馆 CIP 数据核字(2020)第 195453 号

教师专业发展的理论与实务

主　　编　王定铜
责任编辑　刘　佳
项目编辑　林青荻
特约审读　王秋华
责任校对　刘　瑾　时东明
装帧设计　卢晓红

出版发行　华东师范大学出版社
社　　址　上海市中山北路 3663 号　邮编 200062
网　　址　www.ecnupress.com.cn
电　　话　021-60821666　行政传真 021-62572105
客服电话　021-62865537　门市(邮购)电话 021-62869887
地　　址　上海市中山北路 3663 号华东师范大学校内先锋路口
网　　店　http://hdsdcbs.tmall.com/

印　刷　者　上海展强印刷有限公司
开　　本　787×1092　16 开
印　　张　14
字　　数　182 千字
版　　次　2021 年 1 月第 1 版
印　　次　2021 年 1 月第 1 次
书　　号　ISBN 978-7-5760-0721-3
定　　价　42.00 元

出版人　王　焰

（如发现本版图书有印订质量问题，请寄回本社客服中心调换或电话 021-62865537 联系）

编 委 会

主编 王定铜

编者 （按姓氏笔画为序）

王　萍	邓　梅	石　军	朱穗清	庄雪梅
刘小平	李　霞	李巧儿	吴健苗	陈　伟
陈　辉	陈舟驰	陈庆礼	陈柱科	林洁霞
林绮芳	唐信焱	唐逢春	谭泽光	潘少伟
薛建辉				

目 录

总　论　教师专业发展阶段特点与途径 /1

第一章　教师资格 /19

教师不是一个自由职业者,不是一个人想做就可以做的,必须取得教师资格才有可能做老师。在我国,所有想从事教师职业的人们,必须参加国家教师资格考试,取得相应学段的课程合格证书,再参加面试、政审、体检等环节的考核,才可认定教师资格。

第一节　国家教师资格制度 /21

第二节　如何取得教师资格 /30

第三节　现实案例分析 /41

第二章　教师招聘 /49

取得了教师资格,不等于就是一名正式教师了,要成为正式教师,必须参加教育行政部门或学校组织的教师招聘考试,通过了笔试、面试、专业技能测试、心理测试、体检、审查、公示、录用等环节的考查,才能成为一名正式教师。

第一节　公办中小学教师招聘的程序 /51

第二节　如何成为一名正式教师 / 59

第三节　现实案例分析 / 68

第三章　入职教师 / 75

通过教师招聘考试进入到学校从事教师工作,就正式进入了教师行业,这时还只是一个入职教师,会面临许多困难和问题,大多数能克服困难,取得工作的进展,成为一名合格的教师;少数受不了挫折和打击,离开了教师队伍。

第一节　新入职教师的基本特征 / 77

第二节　新入职教师的成长 / 87

第三节　现实案例分析 / 97

第四章　教坛新秀 / 105

经历了艰难的入职期,大部分教师成为合格教师,还有一部分教师表现非常优秀,不论是课堂教学,还是班级管理,或者是组织课外教育教学活动等等,都表现出与入职期其他教师不同的做法,这些教师就是教坛新秀。

第一节　教坛新秀的主要特征 / 107

第二节　如何成长为教坛新秀 / 114

第三节　现实案例分析 / 122

第五章　骨干教师 / 129

在中小学校园里,长期任毕业班教学的教师,担任难管理班级班主任的教师,走在课程改革最前线的教师,接受一个又一个教育教学重要任务的教师,是一所学校最赖以依靠的力量,这些教师是学校里的骨干教师。

第一节　骨干教师的主要特征 / 131

第二节　如何成长为骨干教师 / 140

第三节　现实案例分析 / 150

第六章　卓越教师 / 159

在教师队伍中，有的被称为首席教师，有的被认定为名教师、教育专家，有的被评为特级教师、正高级教师，这些教师是教师中的佼佼者，他们不仅能做好自己，而且能引领他人，同时能带动所在学校、所在区域的教师专业发展，这些教师都是卓越教师。

第一节　卓越教师的主要特征 / 161

第二节　如何成长为卓越教师 / 168

第三节　现实案例分析 / 176

第七章　教育家型教师 / 185

在教育实践中成长起来的具有正确的教育思想、教育理想，以及高尚的师德、师风和杰出教育教学能力特征的教师，往往被称为教育家型教师，这些教师还不是教育家，是成长中的教育家，他们把教育家作为永恒的理想和目标去追求。

第一节　教育家型教师的主要特征 / 187

第二节　如何成长为教育家型教师 / 196

第三节　现实案例分析 / 204

后　记 / 212

总论 教师专业发展阶段特点与途径

每一个从事教师职业的人,都应该是具有职业责任感和幸福感的,否则,他将会误人子弟,也会误了自己的幸福人生。而要产生责任感和幸福感,必须不断实现自己作为教师的专业发展,要清楚自己所处的作为教师的发展阶段,知道自己所处的教师发展阶段的特点,顺利找到所处发展阶段的发展途径并付诸实施。

一、教师职业的发展阶段

教师职业的发展经历了非职业化阶段、职业化阶段、专门化阶段、专业化阶段。

1. 非职业化阶段

在人类发展的历史中,经历了漫长的原始社会,人们为了生存和发展,必须把生产和生活经验一代一代的传递下去,而承担这种传递责任的是家庭中的父母兄长,氏族部落的首领、长老。在中国古老传说中有教民钻木取火的燧人氏,教民构木为巢的有巢氏,教民以猎的伏羲氏,教民制作耒耜、农作的神农氏等,这表明在当时社会,教育者既是年长的、有经验的劳动者,又是教师,以长者为师。但在这一时期,教育还没有从生产劳动中分离出来而成为独立的社会部门,也不存在独立的教育机构,也还没有专门从事教育工作的教师。

2. 职业化阶段

人类社会发展到了原始社会末期,进入到奴隶社会,因为生产力的发展,出现了剩余产品,不需要所有人都从事体力劳动,就有了体力劳动与脑力劳动的分工,于是,学校作为专门的教育机构诞生了。自从有了学校,也就有了从事学校工作的专职人员——教师。事实上,在学校产生之后的很长一段时间内,教师依然是由其他职业的人士兼任的。

在我国西周,由于实行政教合一制度,于是学在官府,学校的教师皆由官吏兼任,也就是采取以吏为师、官师合一的办法开展教学活动。这种以吏为师、官师合一体制不仅在奴隶社会得到发展,而且在长期的封建社会中也得到了保留。

在古埃及、古波斯及古罗马时代,大多以僧为师,如古希腊斯巴达的"教练所"和"军训团",就是由奴隶主阶级的成员负责教育工作,同时又由执政官予以训诫。在中世纪的学校,从识字启蒙到高等教育都由神职人员任教。这种以僧为师、僧师一体的情况,在西欧比较普遍。因此,在古代西方社会,教师作为职业虽然已经产生,但还没有成为专职的工作。

3. 专门化阶段

教师职业的专门化,是社会发展到一定历史阶段的结果,其标志是专门培养教师的教育机构的出现。世界上最早的师范教育机构诞生于法国。法国第一所师资训练学校由"基督教兄弟会"神甫拉萨儿于1681年在兰斯创立,从此拉开了师范教育的序幕。随后的奥地利、德国也开始出现短期师资培训机构,这些机构在德国被称为"教师进修班",在奥地利被称为"师范学校"。到了18世纪中下叶,随着"教育科学化"和"教育心理学化"的推进和普及初等义务教育的实施,于是,教学开始作为一门专业从其他行业中分化出来了,形成了自己独立的特征。德国于1765年首创公立师范学校,法国于1795年建立巴黎师范学校，美国于1838年在马萨诸塞州创立第一所公立师范学校，这些专门的师范教育机构的出现，是教师职业专门化开始的标志。我国清末产生了最早的师范教育。盛宣怀于1897年在上海开办"南洋公学"，设有师范院，这是中国最早的师范教育；清政府于1898年在北京成立京师大学堂，设立了师范馆，我国教师培养也开始走向专门化。

4. 专业化阶段

世界各国进行着教育改革并且发展师范教育，人们对教师的要求已从"数"的增加转为"质"的提高，教师逐步向专业化方向发展，是许多国家追求的教育目标。专业化是指一个职业在一定时期内逐渐发展成熟，具备鲜明的专业标准，并获得相应的专业地位的过程。在长时间发展过程中教师职业的社会地位相对稳定，人们对教师职业认同感的提高，教师职业的要求也相应不断提高。教师这种职业是专门性职业，必须经过专门的师范教育训练，并且掌握专门知识和技能通过培养人才为社会服务。联合国教科文组织和世界劳工组织于1966年10月在巴黎会议上通过了《关于教师地位的建议》，提出"教师工作应被视为一种专业"。在1996年召开的第45届国际教育大会上以"加强变化世界中教师的作用"为主题，对教师在社会变革中的作用予以特别强调，提出了四个方面的实施建议：一是通过给予教师更多的自主权和责任，提高教师的专业地位；二是在教师的专业实践中运用新的信息和通信技术；三是通过个人素质和在职培养，提高其专业性；四是保证教师参与教育变革以及与社会各界保持合作关系。进入到20世纪80年代中后期，美国掀起了"教师专业化"改革浪潮，法国、德国、澳大利亚等国也都先后进入了教师教育改革的高潮，"提高教师专业地位""促进教师专业发展"等，不仅是教育工作者和教师组织的诉求，也是各国政府、学者和社会的共同呼声。1993年10月我国颁布的《中华人民共和国教师法》把教师界定为"履行教育教学职责的专业人员"。从我国法律上讲，"专业"是我国社会职业中的一大门类，"专业人员"是指具有某种专业知识技能，经政府认定许可，从事某种专业活动的人员。教师是专业人员，这就意味着教师职业与医生、律师等职业一样成为一种专门职业。接下来,我国又相继颁布了《教师资格条例》(1995年12月)和《教师资格条例实施办法》(2000年9月),通过资格认定的方式体现对教师职业的要求。

二、教师专业发展阶段

一般来说,一名教师的成长要经历考取教师资格、应聘教师岗位、成为一名正式教师、从一名新入职的教师成长为教坛新秀、骨干教师,有些会成为卓越教师,有的能成为教育家型的教师的过程。

2018年1月20日颁布的《中共中央国务院关于全面深化新时代教师队伍建设改革的意见》提出:"到2035年,教师综合素质、专业化水平和创新能力大幅提升,培养造就数以百万计的骨干教师、数以十万计的卓越教师、数以万计的教育家型教师。"这说明,骨干教师、卓越教师、教育家型教师是教师发展的主要阶段。当然,在一名教师成为骨干教师之前,必然要经历新入职教师,由不熟练到熟练,由不太合格到合格,由合格教师到教坛新秀的发展阶段。

1. 考取教师资格

在我国,新中国成立初期,教师非常缺乏,只要具备一定文化知识的人,经过短期培训,便可以成为小学教师。在上世纪六七十年代,教师同样缺乏,在广大农村地区,有小学文化程度的人,可以做小学老师;有初中文化程度的人,可以做初中老师;还有不少高中教师,其本身就是高中毕业的。当然,也有一些是师范院校毕业的学生当教师,他们承担着中小学、幼儿园教师的职责,但数量很少,不能满足教育发展的需要。改革开放后,特别是1977年恢复高考制度后,师范教育得到发展,高等师范院校、中等师范学校、幼儿师范学校培养出了一批又一批师范生,他们大学或中师、幼师一毕业,就被分配到中小学、幼儿园当老师,不需要考教师资格,而读师范就是他们当老师的资格。

1995年12月,我国开始建立教师资格制度,其标志是国务院颁布《教师资格条例》，对在职教师而言，只要具备相应的学历条件，就可以授予相应学段的教师资格，如：在高中任教，具有大学本科学历的，可授予高级中学教师资格证书；在初中任教，具有大学专科及以上学历，可授予初级中学教师资格证书；在小学任教，具有中等师范学校毕业及以上学历，可授予小学教师资格证书；在幼儿园任教，具有幼儿师范学校毕业及以上学历，可授予幼儿园教师资格证书。这个时期，重在进行教师资格过渡，让所有在职教师都具有相应学段的教师资格。那么，还没有进入教师岗位的人员如何取得教师资格呢？在相当长的一段时间内，读完了师范院校就相当于取得了教师资格，假如你是师范院校本科毕业，你毕业时不仅有本科毕业证书，还有高级中学教师资格证书；假如你是师范院校专科毕业，你毕业时不仅有专科毕业证书，还有初级中学教师资格证书；假如你是中等师范学校毕业，你毕业时不仅有中等师范学校毕业证书，还有小学教师资格证书；假如你是幼儿师范学校毕业，你毕业时不仅有幼儿师范学校毕业证书，还有幼儿园教师资格证书。如果你是非师范类的大中专毕业生，就不能在毕业时同时取得教师资格，必须参加教师资格考试，才能取得教师资格。一般情况下，非师范类的毕业生，参加教育学、心理学、普通话水平测试、面试、试讲等考核，成绩合格，教育行政部门可认定其教师资格。幼儿园、小学、初级中学教师资格由县级教育行政部门认定；高级中学教师资格由申请人户籍所在地或者申请人任教学校所在地的县级人民政府教育行政部门审查后，报上一级教育行政部门认定或者组织有关部门认定。

随着教师资格制度的完善，2016年5月31日后入学的师范类专业学生也必须参加国家统考并取得教育部考试中心颁发的《中小学教师资格考试合格证明》才能申请认定中小学教师资格。从此，不论是师范类毕业生，还是非师范类毕业生，只有参加国家教师资格考试，才能取得教师资格。只有取得了教师资格，才有条件参加各类教师招聘考试，走上教师岗位。

2. 应聘教师岗位

当你取得教师资格后，你不是马上可以当老师，要成为一名正式教师，必须参加教师招聘考试。不论你想进入公办学校,还是去民办学校,都得参加相应的教师招聘考试。目前,民办学校有三种:一是起源于上世纪九十年代的贵族学校,这类学校收费比较高,是全封闭管理的学校,一般是从幼儿园到高中的一条龙服务的学校。二是随着改革开放,外来务工人员的子女随父母来到非户籍所在地,产生了较大的就读需求,一些私人老板租借比较简陋的场地办学、或者租用集体土地自建学校,解决外来务工人员子女的就读问题,这类学校办学条件比较差,收费也比较低。三是名牌学校办的民办学校,这类学校有优质的教育教学资源,吸引了大批优秀的学生,办学水平和教育质量相对比较高。这些民办学校招聘教师的方式各不相同,一般都需要试讲、面试,有些还要笔试,要成为这些学校的教师,需要有扎实的教师专业知识和较高的应试水平。

  如果你想成为一名公办学校教师,根据我国十多年来的人事政策,所有事业单位招聘工作人员都实行"逢进必考",不再有国家分配的政策。目前,公办学校的教师有三种身份:一是编制内教师,大部分都是师范院校毕业后分配的中老年教师和改革开放后应聘的中青年教师,少量是近年招聘的教师。二是编外聘用制教师,有的地方叫雇员制教师,主要是人口增长较快地区,由于学校规模扩大、学生数量急剧增长,需要大量的教师补充,而受国家编制政策限制,区县教师编制规模控制在 2012 年底水平,不论学校增加多少、学生增加多少、班级增加多少,教师编制不能增加,所以,地方政府为解决教师编制不足问题,采取了编外聘用制的措施。据调查,广州市某区每年新增人口 20 万,新建学校 10 余所,新增班级 500 多个,新增学生 15 000 左右,需新增教师 1 000 余名,地方政府采取有力措施调剂其他事业单位编制用于教师招聘,但这远远不够,于是产生了大量编外聘用制教师。三是临聘教师,因为国家放开了二孩政策,处于育龄期的女教师大量选择生二孩,而中小学、幼儿园教师中,绝大多数是女教师,女教师生育期间要离开工作岗位,因为离开工作岗位只有半年左右时间,不可能有编制内教师补充,于是产生了临聘教师;还有一个原因,就是学校规模扩大,编制内教师和编外聘用制教师都不够用,也需要临聘教师。公办学校这三类教师因身份不同,其待遇差别较大,尽管如此,要进入公办学校并不是一件容易的事情,需要参加教师招聘考试,一般要经历面试、专业技能测试、笔试、心理测试、体检、考察、公示、录用等环节,当然,临聘教师招聘的程序要简单些。

3. 新入职教师

一位具有教师资格的大学毕业生(目前全国各地招聘中小学、幼儿园教师学历的普遍要求是全日制本科),或者是大学毕业后在社会上闯荡了几年的社会人员,参加中小学、幼儿园教师招聘考试,在过五关斩六将后成为一名正式教师,就是新入职教师,也称为新手教师、初任教师。

每一个教师的成长都经历新手阶段,这是教师专业发展十分重要的阶段,就像是建房子要打好地基一样,如果这个阶段的基础没有打好,将影响其一生的发展。我们经常可以看到,同一所大学、同一届、同专业的大学毕业生,走上教师岗位的地方不同、学校不同、所遇到的同事不同,三五年后其发展的程度就有很大的不同。当然,这些是教师专业发展的外因,起决定作用的还是自己的主观努力,但教师成长的环境对教师的专业发展至关重要。

我们都经历过入职期,这一时期的教师有什么特点呢?

第一,要做一个好老师。走上教师岗位是兴奋的,是激动的,多年的努力终于如愿以偿,成为了一名正式教师。面对崭新的学校、陌生的同事、活泼可爱的学生、充满期待的家长,我们一定要做一位好老师。什么样的老师是好老师呢?应该是学生喜欢、同事认可、家长信赖的老师。要做到这些,需要你运用智慧把课上好、把班级带好、把活动组织好,把学生学习的积极性调动起来,成为孩子的朋友;需要与同事沟通,你的教学、你的班级管理、你所开展的一系列活动,在同事看来是必须的、是可行的、是有效的;需要与家长沟通,让家长感受到,你把孩子放在心上了,他的孩子在学校开心、快乐、爱学习,在家里懂事、明理,在社会有礼貌、乐于助人。

第二,要做一名合格的教师。新入职教师因处于学徒阶段,可能有比较激进的言谈举止,也比较机械,遇事不善于变通,也不能自如地根据特殊情境调整教学的策略;还不能把握教学事件的主次、轻重,对教学目标的理解可能不到位,教学设计也可能不全面不严密,教学方法选择不太恰当,教学内容把握不太准确,更不善于知识点的延伸与拓展,教学管理不太科学,教学活动安排比较随意,教学成绩不太稳定;在引导学生学习时缺乏策略性,对学生思维能力的培养关注不太够;不善于将学生的生活实际与教学内容紧密结合。因此,新入职教师很难在短期内担负其专业的重任。那么,如何才能成为合格教师呢?一是拜老教师为师,可以少走很多弯路,老教师会传授自己成功的经验,不论是课堂教学,还是班级管理,以及课外教学实践活动,老教师都会有丰富的经验可供学校借鉴。二是请专家指导,在课程资源开发、教学案例分析、听课和评课、课程建设和实施等方面,专家都会提供很好的指导建议。三是向同伴学习,积极倾听、敏锐观察,在相互听课、评课中学习同伴的经验和做法。四是自我努力,只有不断反思、总结自己的课堂教学、班级管理、人际交往等教育教学实践活动的经验和教训,同时不放松现代教育教学理论的学习,才能成为合格的教师。

第三,遇到挫折容易气馁。人们在做某一件事情时,如果顺风顺水,他会自然而然做下去,如果受到挫折,不少人会怀疑自己可能不是做这件事情的料,因此放弃而改做其他事情,没想到每做一件事情都受到挫折,以至于让他迷失了方向,甚至怀疑自己是一个一事无成的人。新入职教师,当他走上教师岗位时充满了信心和好奇,有美好的愿望,但当他走进教室,他的教学活动并不能吸引学生;作为班主任,他下了很大的力气,但班级秩序还是很混乱;他花费了很多时间和精力,但考试成绩不如老教师;他把全部心思都花在了学生身上,但学生并不买他的账;他把学生当成是自己的孩子一样对待,但家长并不理解,有时还给他出难题。如此种种,新入职教师都会产生气馁的情绪,但大部分教师能进行深刻反思,找到解决问题的出路,从教育教学的迷雾中走了出来;也有少数教师陷入泥坑不能自拔,极个别的离开了教师队伍。

4. 教坛新秀

当你度过了艰难的入职期,你也就成为合格的教师了,但你并不能满足于我能把一堂课上下来,我能把一个班级的学生管理到符合学校规范的要求,我能开展一些校内外的教育实践活动。你要追求属于你自己的让学生学得愉快的课堂,你要把你的班级打造成学生成长的乐园,你要让学生在你指导的校内外教育实践活动中展现个性和创造性。你在工作的前几年做到了这些,你就成了教坛新秀。作为教坛新秀应具有以下特点:

第一,课堂不墨守成规,有许多创意。比如说,你的教学引入有独到之处,一下子把学生的注意力吸引到教学内容上来;你不是按部就班地教学,你把教学内容整合了;你不是完全教教材中的内容,你把社会生活、学生生活与教材内容紧密结合在一起了;你知道课堂不光是老师讲,你让学生充分表达自己的见解;你能让学生对热点问题、难点问题进行讨论;你能够对学生掌握的情况进行及时的测评与反馈及矫正。

第二,指导学生课外活动有成效。每一位教师在学校全部教育教学活动中,都有组织学生开展课外活动,有的比较传统,有的仅限于本学科的知识范围,但有的突破学科的界限,是基于问题解决的跨学科或超学科活动,需要借助于多学科的知识和综合的经验才能解决,这样搞课外活动的老师才像是教坛新秀。

第三,在班级管理中有自己的一套做法。作为班主任,不是把班级管死,而是要把班级搞活,班级是学生成长的乐园,让每一个学生喜欢班集体、热爱班集体、自觉用自己的行动维护班集体,就需要教师有自己的做法。入职才几年的老师进行班级管理能达到这种境界,可称得上是教坛新秀。

第四,在区域教学教研活动中崭露头角。入职几年的教师往往是区域教研员关注的对象,教学视导时是要先去听他们的课的,如发现教学的闪光点,会得到鼓励,在教研员指导下,也会承担区域的公开课。区域组织的课堂教学比赛、教学演讲比赛、教学论文评选等活动,往往入职才几年的教师是积极的参加者,他们参与这些活动,取得了优异成绩,让老师们感觉到,他们是教坛新秀。

5. 骨干教师

一名教师成为教坛新秀后，他需要不断努力，在教育、教学、教研、科研等方面表现得更好，当他在同行中能独立开展各项教育教学工作，并且能解决学科和管理中的一个又一个难题时，他就成为了学科的骨干、管理的骨干，是一名骨干教师了。因此，骨干教师，是指在学校、区域教师群体中，在师德修养、职业素质方面相对优异，而且有一定知名度、被大家公认的、具有较丰富的教育经验，同时在学校实际教育教学活动中承担了较重的工作量和较重要的工作任务，对教育教学研究有较大兴趣并有较为突出的能力，取得过一定的教育教学研究成果，并对一般教师具有一定示范作用和带动作用，能够支撑所在学校、区域的学段或学科教学和教学研究工作的优秀教师代表。在我国不少地方，开展了骨干教师的培养和认定，如区级骨干教师、市级骨干教师、省级骨干教师，当然少不了校级骨干教师。那么，骨干教师有什么特点呢？

第一，是学校里接受任务最多、承担工作量大的教师。我们经常看到，承担毕业班教学的是骨干教师，担任最难管理班级班主任的是骨干教师，要把成绩相对落后班抓上去的也是骨干教师，接受上级安排的公开课、示范课、研讨课等紧急性工作任务的也往往是骨干教师。

第二，是学校课程开发和教育教学的核心力量。学校的发展依赖学校课程的开发和实施，而骨干教师就要发挥重要作用，没有骨干教师的参与，学校课程开发和实施都会落空。在学校整个教育教学活动中，骨干教师是学校最重要最核心的力量，一个没有骨干教师的学校，是不可能不断提高教育教学质量的。

第三，是教育科研的带头人。骨干教师不仅承担着重要的教育教学任务，而且他们重视反思教育和教学工作，在教育教学中研究，在研究中教育教学，他们自己开展教育科研，带领普通教师开展课题研究。

第四，对普通教师有示范引领作用。普通教师的教育教学如何开展，他们往往看骨干教师是如何做的，所以，骨干教师在教育、教学、班级管理、课外活动、校外实践等方面对普通教师都有示范引领作用。

6. 卓越教师

骨干教师的进一步发展,他能在学科中成为领军教师,有的学校把这样的教师称为首席教师,全国各地教育行政部门培养和认定了本地的名教师,还有的地方培养和认定了教育专家,这些首席教师、名教师、教育专家,都可称之为卓越教师。因此,卓越教师就是专业突出、底蕴深厚、富有爱心、具有复合型知识技能的教师,但不是每一名教师都能成长为卓越教师。那么,卓越教师有什么特点呢?

第一,教育情怀深厚。卓越教师需要有比一般教师更高的道德水平和道德素养,一个教学水平很高但道德水平低下的教师是不可能成为卓越教师的。崇高的道德水平和道德素养体现在他们具有深厚的教育情怀上。主要表现在:对学生深厚的爱,乐教勤业,高尚的道德情操。

第二,专业基础扎实。卓越教师同样承担着传道授业解惑的任务,但在专业基础上比一般教师更扎实,主要表现在:精通业务并不断进取;备课精心,讲解清晰易懂,并独具风格;具有组织、协调、应对课堂教学中复杂环境的教育机智;具有教学及评价的技能技巧,能有效创建主动、互动、能动的课堂环境,激发学生学习的积极性、主动性、创造性;具备优秀的教育信息化素养与运用国际化话语体系从事教育教学交流与合作的能力。

第三,勇于创新教学。卓越教师是创新型教师,善于尝试新的东西,而且不断学习进取,主要表现在:有先进的理念,善于在继承传统教育理念和方法的精华的基础上,创新教育理念和方法,成为先进理念的代表者;勤于反思并引领变革,经常思考自己的课,反思在课堂教学中运用的教学方式和方法,哪些有效,哪些无效,如何改进,从而成为变革的适应者、参与者、引领者,在变革中提出新主张,并把这些主张变为教育教学的实践。

第四,善于综合育人。具有综合育人的意识,清楚各门学科通力合作、协同育人,是最佳的育人状态。主要表现在:注重合作,与其他学科教师携手,加强学科间的相互配合,发挥综合育人功能,在课内、课外、社团活动中提高学生综合运用知识和已有经验解决实际问题的能力;注重校园或班级环境建设,发挥环境的育人功能,营造学生成长的乐园;注意发挥家庭、学校和社会相结合的育人方式的作用,积极发挥家庭教育的作用,注重发挥社会的育人功能,促进学生在多轮推动中发展。

第五,终身学习发展。卓越教师是善于学习的教师,清楚未来社会对教师有更高的要求,终身教育需要教师的终身学习,以自己终身发展的理念影响学生。

7. 教育家型教师

所谓的教育家,通常是指那些通过自身的教育实践活动创造出重大的教育业绩,对一定范围内和一定时期的教育思想和教育实践产生重要影响的教育工作者。

被确认为教育家的应该是实际从事教育工作的教育工作者,有宽厚广博的文化知识基础,长期从事教育实际工作,系统、熟练掌握教育专业知识和技能,具有系统、成熟或独特的教育思想,取得教育界广泛认可的重大教育成果,拥有广泛认可的专业声誉,品行高洁,堪为社会楷模,是优秀教育文化传统的继承者、教育理论与实践的推进者、当时和后世教育活动的影响者,是悲天悯人者、严谨执着者。

我国古代著名的教育家有老子、孔子、墨子、列子、庄子、孟子、荀子、朱熹、王守仁、湛若水、王夫之等;在近代有郑观应、梁启超、何子渊、丘逢甲、唐国安等;在现代有蔡元培、陶行知、吴大猷、萧友梅、竺可桢、徐特立等;在当代有钱梦龙、李吉林、魏书生等。在国外,古希腊的著名教育家有亚里士多德、柏拉图、苏格拉底等;近代的著名教育家有约翰·杜威、苏霍姆林斯基等。

教育家型教师并不是教育家,而是具有教育家的品质特征,介于卓越教师和教育家之间的发展环节中的一类教师,前者处于金字塔阶梯上,后者在塔尖。

教育家型教师首先就是一名教师,他的基础就是教师,他的来源就是教育实践,在于坚守在学校日常的教育教学工作之中。

教育家型教师的发展方向是教育家,并与之相对应。教育家应包括两个方面的特征:一是对教育、对孩子执着的爱,矢志不渝的爱;二是有思想,形成自己的理论体系,形成广泛影响,经过实践和科学检验的、为教育界认可的教育思想和理论体系。教育家型教师的特征也应包括这两个方面。有所区别的是:教育家因爱而研究教育,特别注重教育理论的创新;教育家型教师因爱而塑造学生,特别注重教育的创新实践。同时,教育家更多是指荣誉与地位,需要经过时间的沉淀与历史的铭记,教育家型教师则更多是指专业层次和发展阶段。

教育家型教师是教师专业发展阶段上具有教育家某些品质的教师发展境界,与教育家尚有距离。教育家型教师应是立足于教育教学实践,以立德树人、教书育人为根本目的,有深厚的教育情怀,有丰富的实践探索,有独到的理论建树,有较大影响的教师群体,是教师专业发展的最高层次。

教育家型教师必须有正确的教育思想、教育理想,而且有高尚的师德、师风和杰出的教育教学能力。因此,教育家型教师根植于教育实践,以教书育人、立德树人为根本目的,以教育实践为发展基础,是在实践中产生智慧,是在智慧指导下实践;追求学校发展现实需要,是教师专业发展的价值方向,教育家型教师是一个动态的追求过程,是教师专业成长的发展过程;永恒的理想和目标是对教育家的不懈追求。

三、教师专业发展的途径

教师专业发展的基本途径是专家引领、同伴互助、个人努力,但处于不同发展阶段的教师,发展的方式和方法还是有所不同的。

1. 新入职教师的专业发展

新入职教师要顺利成长,离不开师徒结对,在老教师的指导下开展教育教学活动;需要自己不断观摩学习,到老教师的课堂听课,听骨干教师评课,到优秀班主任的班级看主题班会的组织,到学校相关场室观摩骨干教师是如何组织课外活动的;积极参加区本教研和校本研修;每天都要反思自己的备课、上课、作业布置和批改,存在什么不足,如何实现最优化;积极参与骨干教师的课题研究,提高自己的教育科研水平。总之,要虚心学习、深刻反思、总结经验和教训,尽快成为合格教师。

2. 教坛新秀的专业发展

教坛新秀是入职才几年的教师中表现突出的教师,而要成为这样的教师,就要有不同于一般教师的教学思维和教学行为,在教学思维上,对知识、能力、情感态度价值观教学目标有更准确独到的理解和把握;在教学行为上,对课堂教学中的主动、互动、能动或者是自主学习、合作学习、探究学习的环节,要恰如其分地设计和灵活机动地实施;在教学评价上,要有不同于一般老师的新颖的做法;在课外教学活动中,更能激发学生的学习兴趣,开发学生创造性思维;在班级管理中,有许多创意的做法,让学生爱上班集体;在区域教研活动中,积极发表见解,主动承担公开课、示范课、研讨课;积极参与区域教学比赛,并在比赛中获得比较好的成绩。

3. 骨干教师的专业发展

骨干教师是学校的中坚力量,承担着最繁重的工作任务,要实现专业发展,不要被繁重的工作任务所吓倒,而是在出色完成一项又一项工作任务的过程中不断地成长。一方面是要做好所承担的工作,为普通教师树立榜样;另一方面是要指导普通教师,让更多的普通教师成为骨干教师;同时要向卓越教师和教育家型教师学习,参加名教师工作室活动,承担工作室里的示范引领性工作。同时,也要不断反思和总结教育教学工作,将自己在工作中的想法和做法,以课题的形式加以研究,常将自己的想法和做法写成论文在学科刊物发表。总之,骨干教师既要做好自己,又要指导他人,还要发展自身,要逐步向卓越教师迈进。

4. 卓越教师的专业发展

卓越教师已经是首席教师、名教师、教育专家,或者是特级教师、正高级教师,但还没有达到专业发展的顶峰,要努力成为教育家型教师。如何进一步发展呢?首先是发挥卓越教师的作用,在教育、教学、管理、科研、教研、课程等领域做出特殊成绩,让老师们认可你是名副其实的卓越教师。其次是要发挥示范辐射作用,要带团队,要承担省、市、区各类名师工作室工作,通过工作室开展的活动,引领教师专业发展,而自己也与老师们共同成长。最后是要积累、总结、提炼,形成自己的教学主张、教育想法,要著书立说,要积极申报市、省、国家级教学成果,成为教育教学成绩卓越的教师。

5. 教育家型教师的专业发展

教育家型教师还不是教育家,而要以教育家为终身的理想和追求,在这个追求的过程中,要做些什么呢?

第一,要坚持在教育教学一线。不少教师成为特级教师、名教师、正高级教师后,离开了教学一线,专门从事行政工作或其他管理工作,这并不是一件好事。教育家型教师离开了教育教学一线,就像鱼儿离开了水一样,如何生存和发展?魏书生当了教育局局长还坚持课堂教学,才有他新思想的不断产生,新做法的不断涌现。一名教师离开了教学就不再是教师了,即使你是一名教育家型教师,但你的教师专业发展停止了。所以,教育家型教师要进一步发展,必须坚持在教育教学一线。

第二,要研究教育教学深层次的问题,如我们的教育如何更有效的立德树人,我们的教学如何能更好地以学生为中心、以学习为中心,学生核心素养如何才能更有效地发展,什么样的课程才是最适合学生发展的,等等,这些应该是教育家型教师时刻关心的,并且是长期研究的。

第三,要在实践中指导学校发展、教师成长、学生进步。教育家型教师一刻也不能离开教育实践,对所面临的学校,必须有进一步发展的主张;对自己周围的老师,必须有具体的专业发展指导意见;对所任教的学生,必须有切实可行的教育教学策略。你是一名教育专家在指导学校、教师和学生,你是领军人物,引领教育发展的方向。

第四,要有理论成果。要把在教育教学一线工作的想法和做法形成经验性、理论性的东西,与更多的教育工作者分享;要把教育教学深层次问题研究的进展情况和初步结果形成研究报告,供更多的教育工作者参考;要把指导学校、教师、学生发展的具体做法和成功经验提升为理论,引领更多教师去推广和运用。

总之,教师专业发展是一个过程,就像行驶在高速公路的汽车一样,有的在起点,有的在路途中,有的将要进入终点。汽车在高速公路上行驶会遇到各种情况和问题,需要司机冷静、机智地解决,如果遇到困难就停滞不前,永远也到达不了目的地。每一位教师,在成长的过程中,要克服一个又一个的困难,解决一个又一个的难题,从一个发展阶段进入另一个发展阶段,在不断进取中获得教师的幸福感。

第一章

教师资格

随着国家和社会对教育越来越重视,教师待遇与地位不断得以提升,逐渐形成教育行业需求缺口。近几年,教师俨然已经成为年轻人职业中的热门选择。根据我国《教师法》和《教师资格管理条例》规定,成为教师的必要条件之一就是要获得教师资格证书。

第一节 国家教师资格制度

教师资格制度源起于西方,我国于1995年开始实行教师资格制度。教师资格制度是一种国家法定的职业许可制度,实施教师制度是促进教师专业化发展的一项重要举措。总体而言,作为发展中国家,我国现行的教师资格认定制度与发达国家相比相对宽松。但随着经济和教育的不断发展,教师制度也越来越规范,国家立法颁文落实教师资格制度的实施,改革考试制度使教师资格考试成为"国考"等均体现了我国教师制度在逐渐完善,成为提高教师队伍素质的有力保障。了解我国当前实施的教师资格制度,将帮助有志从教者对这一职业有更深的认识。

一、我国教师资格制度的法律依据

教师资格制度是国家实行的一种法定的职业许可制度。为了提高教师素质,加强教师队伍建设,1995年12月12日颁布了《教师资格条例》,它是依据《中华人民共和国教师法》(1993年)制定的,同时也是我国教师资格制度的法律法规和政策依据,标志着我国以立法的形式规定教师的任职资格,并确立了教师职业的法定地位。2000年,教育部颁布了《〈教师资格条例〉实施办法》,为教师资格制度的实施提供了具体的操作方法。教师资格制度全面实施后,按规定只有依法取得教师资格,持有教师资格证书的人,才能被教育行政部门依法批准举办的各级各类学校和其他教育机构聘任为教师。2013年,教育部宣布实施《中小学教师资格考试暂行办法》和《中小学教师资格定期注册暂行办法》,推行中小学教师资格考试和定期注册改革扩大试点工作,我国教师资格制度发展走入新阶段。

二、我国教师资格制度的实施

新中国成立70多年了,而教师资格制度在我国实施也不过20余年,但已经历了几个阶段。正因如此,当下教师群体里获得资格的方式大有不同。了解这个背景,将更清晰教师资格,特别是中小学幼儿园教师资格的获取途径。教师资格制度包括资格证书的管理、认定及发放。其中,资格证书的认定历经最多变化。

(一) 过渡阶段

1995年底,教育部根据《中华人民共和国教师法》和《教师资格条例》发布了《教师资格认定的过渡办法》,规定凡是在《教师法》施行之日前已在各级各类学校和其他教育机构中从事教育教学工作的教师(统称在职教师)及承担教育教学任务的其他专业技术人员和教育职员(统称其他人员)均属于教师资格过渡范围,申请人如满足连续两年考核合格,可申请认定与其所在学校的层次、类别相对应的教师资格。这一过渡阶段,实施的过渡时期认定办法也体现了贯彻落实国家教师资格制度中持证上岗的基本要求。

(二) 地方组织测试阶段

从1997年开始,教育部开始推行面向社会认定教师资格工作,将上海、湖北、四川等地作为试点。随后颁布全面实施教师资格制度的操作性规范文件

《〈教师资格条例〉实施办法》。至此我国教师资格制度开始全面实施。由于是首次全面实施,涉及人员体量巨大,操作复杂,这也对十余年后开展的教师资格定期注册工作在原始数据核查方面造成了一定影响。

此阶段,参加认定的教师资格的范围包括两部分。一部分是1993年12月31日以后补充到教师队伍、当时仍在教师岗位的在职教师,以及师范专业毕业不到一年的师范专业毕业生。另一部分就是有申请意向的社会人员。社会人员申请人需要按《教师资格条例》及其实施办法规定提交有关材料,并参加由地方组织命题的包括面试、试讲之类的教育教学能力测试。

首次面向社会认定教师资格工作基本结束后,开始每年春、秋两次正常认定。

2008年以后全国开始使用教育部教师资格认定指导中心研发的"教师资格管理信息系统"开展认定工作,教师资格证书相关信息均可以通过在中国教师资格网上查寻。

2008年至今,我国教师资格证书编号总数为17位,具体的含义为下图,性别代码中,"1"代表男性,"2"代表女性。

□□□□	□□	□□□	□	□	□□□□□□
年度	省份	认定机构	类型	性别	序号

图1-1 教师资格证书编号代表的含义

(三) 国考阶段

根据《国务院关于加强教师队伍建设的意见》(国发〔2012〕41号)精神,为进一步完善国家教师资格考试制度,严格教师职业准入,保障教师队伍质量,2013年8月教育部颁布了《中小学教师资格考试暂行办法》(以下简称《暂行办法》),经由部分省份承担试点工作后,开始全面实施全国统考。在此阶段,教师职业准入的前提条件成为通过教师资格考试获得资格证书。

根据《暂行办法》规定,凡"具有中华人民共和国国籍;遵守宪法和法律,热爱教育事业,具有良好的思想品德;符合申请认定教师资格的体检标准;符合《教师法》规定的学历要求",均可以报名参加教育部统一组织的中小学教师资格考试。根据不同学段,申请幼儿园、小学、初级中学、普通高级中学、中等职业学校教师和中等职业学校实习指导教师资格的人员须分别参加相应类别的教师资格考试,获得合格证明后才能认定资格。

实施"国考"后,教师"准入"门槛得以提升,操作更加规范,提高了教师队伍的整体素质。同时,报名全国统考不再受师范生与非师范生的身份限制,为非师范生提供了平等的竞争机会,吸引了更多的优秀人才加入教师队伍。

从地方测试阶段到全国统考阶段,教师资格考试的考试内容与形式较之前的地方组织测试阶段大不同。具体可见下表①:

表1-1 统考前后教师资格考试变化对比

具体内容 \ 时间	统 考 前	统 考 后
考试对象	非师范生及社会人员	所有申请者
考试命题	地方命题	全国统考(考试题库)
考试形式	笔试+面试	笔试+面试
考试内容	"两学测试"+教育教学能力测试	综合素质+教育教学基本知识和能力+学科教学能力
有效期限	"两学"成绩长期有效	笔试单科成绩有效期2年,教师资格考试合格证明有效期3年

全国统考阶段要求对教师资格申请人的要求更具体更全面,由国家确定统考的笔试成绩合格线,省级教育行政部门确定面试成绩合格线。除考试形式、内容等有变化外,暂行办法也明确地提出了笔试成绩具有有效期,同时规定《中小学教师资格考试合格证明》(申请人可直接在中小学教师资格考试网上下载)的有效期为3年,在有效期内申请人可以申请认定对应学段和学科的教师

---

① 郭平,熊艳.教师专业发展论[M].成都:西南交大出版社,2017:110.

资格。

教师资格考试从地方组织教育教学能力测试到全国统考,实际上是对教师准入的高标准化,是国家为提高教师队伍素质的举措,也是教师资格制度不断完善的体现。《关于全面深化新时代教师队伍建设改革的意见》(2018年)指出,"完善教师资格考试政策,逐步将修习教师教育课程、参加教育教学实践作为认定教育教学能力、取得教师资格的必备条件。"未来的教师资格考试发展趋势必将是围绕教师职业素养对申请人提出更高要求。

三、我国教师资格证书的管理

我国教师资格相关法律法规同样也明确了教师资格证书的管理制度。首先,《中华人民共和国教师法》对获得教师资格人员的学历、对负责教师资格制度相关的管理部门等作了具体规定。[①] 其中第三章第十条规定:"国家实行教师资格制度。凡遵守宪法和法律的中国公民,对教育事业怀有热爱之情,具有良好的政治品德素养,具备此法对教师所规定的学历或者经国家教师资格考试合格,并确实具有实际的教学能力,经确认合格者,可以取得教师资格"。第十一条则对取得教师资格者应具备的学历进行了规定。而在《教师资格条例》和《〈教师资格条例〉实施办法》中则具体明确了教师资格的种类及教师资格的丧失等方面的具体规定和操作管理。

(一) 教师资格类别

根据《教师资格条例》第四条,我国的教师资格种类分为七种。分别为:

① 幼儿园教师资格;

② 小学教师资格;

---

① 刘海燕,孙杰. 我国教师资格制度的历史变迁[J]. 现代教育科学,2017(7):113-118.

③ 初级中学教师和初级职业学校文化课、专业课教师资格(以下统称初级中学教师资格);

④ 高级中学教师资格;

⑤ 中等专业学校、技工学校、职业高级中学文化课、专业课教师资格(以下统称中等职业学校教师资格);

⑥ 中等专业学校、技工学校、职业高级中学实习指导教师资格(以下统称中等职业学校实习指导教师资格);

⑦ 高等学校教师资格。

成人教育的教师资格,按照成人教育的层次,依照上款规定确定类别。在教师资格证书的编号中,类型代码分别由数字1—7代表以上教师资格种类。

目前,我国中小学教师资格是自上而下兼容制度。[①]《教师资格条例》规定"取得教师资格的公民,可以在本级及其以下等级的各类学校和其他教育机构担任教师;但是,取得中等职业学校实习指导教师资格的公民只能在中等专业学校、技工学校、职业高级中学或者初级职业学校担任实习指导教师。高级中学教师资格与中等职业学校教师资格相互通用。"但这种向下通融的机制并不适应教师专业化发展日渐细化的要求,在现实中遇到一定的挑战。

(二) 教师资格的学历要求

在我国,不同的教师资格种类对应的学历要求也不同。教师法第十一条明确规定取得教师资格应当具备的相应学历。具体如下:

① 取得幼儿园教师资格,应当具备幼儿师范学校毕业及其以上学历;

② 取得小学教师资格,应当具备中等师范学校毕业及其以上学历;

③ 取得初级中学教师、初级职业学校文化、专业课教师资格,应当具备高等师范专科学校或者其他大学专科毕业及其以上学历;

[①] 李金芬,史晓宇. 我国教师资格制度发展浅析[J]. 曲靖师范学院学报,2008(9):6-9.

④取得高级中学教师资格和中等专业学校、技工学校、职业高中文化课、专业课教师资格,应当具备高等师范院校本科或者其他大学本科毕业及其以上学历;取得中等专业学校、技工学校和职业高中学生实习指导教师资格应当具备的学历,由国务院教育行政部门规定;

⑤取得高等学校教师资格,应当具备研究生或者得大学本科毕业学历;

⑥取得成人教育教师资格,应当按照成人教育的层次、类别,分别具备高等、中等学校毕业及其以上学历。

总的来说,我国现行教师资格制度中对教师资格的学历要求偏低,与世界发达地区的教师资格学历要求相比存在较大的差距。西方国家早在20世纪50年代就实现了小学教师本科化,日韩及我国台湾等地也在上世纪80年代规定小学教师需具备本科学历或持有学士学位。提高教师学历也是提高队伍素质的一个抓手。《关于全面深化新时代教师队伍建设改革的意见》已提出"严格教师准入,提高入职标准,重视思想政治素质和业务能力,根据教育行业特点,分区域规划,分类别指导,结合实际,逐步将幼儿园教师学历提升至专科,小学教师学历提升至师范专业专科和非师范专业本科,初中教师学历提升至本科,有条件的地方将普通高中教师学历提升至研究生。"教师学历标准偏低的局面很快将被打破。

(三) 教师资格管理部门

教师法同时也明确了教师资格的管理制度。各类别的教师资格均有对应的管理部门。其中,初中、小学及幼儿园的教师资格由县级以上地方人民政府教育行政部门管理。高级中学、中等专业学校、技工学校的教师资格由县级以上地方人民政府教育行政部门组织有关主管部门管理。普通高等学校的教师资格由国务院或者省、自治区、直辖市教育行政部门或者由其委托的学校管理。教师法还提出取得教师资格的人员首次任教时应当有试用期。客观来说按类别来进行管理,可以做到谁发证谁负责,包括组织证书的考试和认定等,但容易产生标准不统一的情况,实施全国统考后在很大程度上解决了这一问题。

四、教师资格的定期注册制度

教师专业化的发展,对我国的教师资格制度又提出了更高的要求。2010年,颁布《国务院办公厅关于开展国家教育体制改革试点的通知》(国办发〔2010〕48号),将河北、浙江、福建、湖北、湖南、海南六省及上海市和广西壮族自治区作为试点开展教师资格考试改革和教师资格定期注册。这既是教师职业化的要求,也是我国教师资格制度的一次重大改革。《国务院关于加强教师队伍建设的意见》指出:"修订《教师资格条例》,提高教师任职学历标准、品行和教育教学能力要求。全面实施教师资格考试和定期注册制度。"经过试点地区的尝试,一年后颁布《中小学教师资格定期注册暂行办法》。随后在全国开始全面铺开实施教师资格定期注册制度。

教师资格定期注册工作由国务院教育行政部门主管,由省级教育行政部门依据《中小学教师资格定期注册暂行办法》制定注册实施的具体细则,县级以上地方教育行政部门负责本地教师资格定期注册的组织、管理、监督和实施。因此,定期注册的实施细则有些会因省而异。

当前教师资格定期注册制度面向群体以公办中小学教师、中等职业学校和幼儿园在编在岗教师为主,但部分地区,如广州市也将依法举办的民办普通中小学、中等职业学校和幼儿园教师纳入定期注册范围。民办学校的教师是否属于注册范畴以不同地区的注册实施细则为准。

定期注册制度的实施是教师终身教育的必然趋势,是对教师入职后从教资格的定期核查。按照注册暂行办法,对满足注册条件的中小学教师、中等职业学校和幼儿园教师,需遵照要求参加定期注册。定期注册不合格或逾期不注册的人员,不得从事教育教学工作。目前,从各地的实施情况来看,定期注册的考核内容除对师德考核外,就是对业务以及教学工作量的考核,同时也明确提出教师参加继续教育培训的学时要求。

教师资格定期注册由本人在网上申请,按要求提供定期注册所需要的相关资料,由所在学校集体办理,按照人事隶属关系报县级教育行政部门对申报材料进行初审,提出注册结论的建议;地市级教育行政部门对初审申报进行复核;省级教育行政部门对注册申请进行终审,并在全国中小学教师资格定期注册管理信息系统中填报注册结论及有关信息。《中小学教师资格定期注册暂行办法》明确提出,对弄虚作假、无故不注册等情况的教师按撤销注册或按注册不合格等处理。在教师资格条例及实施办法中,涉及教师资格证书丧失这部分的表述均是指持证人如有违法违纪行为将撤销其证书。推行教师定期注册制度就显得意义更加重大,既是对教师退出机制的一种探索,也是打破教师资格"终身制"的第一步。

我国教师资格制度的发展体现了国家对教育的重视,对教师队伍建设的重视,实施教师资格制度的意义不言而喻。未来趋势必是教师行业门槛不断提高,教师资格"终身制"不再,"退出"机制出台。立志从教的年轻人应看到获得教师资格证书仅是入行第一步,教师这一职业不仅需要"持证上岗",更重要的是要有终身学习的意识,不断提高自身专业化水平。

第二节　如何取得教师资格

习近平总书记强调,各级党委和政府要满腔热情关心教师,让广大教师安心从教、热心从教、舒心从教、静心从教,让广大教师在岗位上有幸福感、事业上有成就感、社会上有荣誉感,让教师成为让人羡慕的职业。① 目前,我国教师地位待遇显著提升,教师工资由上世纪 80 年代在国民经济各行业排名倒数后三位,逐步提升到排名第七位。教师社会地位的提升以及福利待遇的改善,使得教师这一职业在社会上越来越受到重视,不只是师范生打算考取教师资格证,也有很多非师范的学生希望报考教师资格证,以期取得教师资格证之后,可以参加教师招聘考试,成为一名公办学校编制教师,享受稳定的工作岗位和工资待遇,拥有寒暑两大假期,成为国家事业单位工作人员,实现人类灵魂工程师的教师梦。除公办学校外,也可以应聘民办学校、教育培训机构的教师职位,或者参加特岗教师的招聘,到农村中小学参加支教工作。总之,考取教师资格证书有很多好处,可以增强竞争力,拥有更多的工作机会和发展平台,还有很多实质性的福利,在高校校园广为流传的说法就是:"一证在手,就业不愁;一证傍身,毕业满分。"

教师大门向社会敞开,欢迎有志之士加入。取得教师资格需要经过报名、

---

① 全面贯彻落实党的教育方针　努力把我国基础教育越办越好[N]. 人民日报,2016 - 09 - 10(01).

笔试、面试、认定等多个程序,想要顺利拿到教师资格证,我们要有闯关前进的思想准备和能力素养。

一、教师资格考试的报名

取得教师资格,第一个程序是报名。根据《中华人民共和国教师法》和《教师资格条例》的相关规定,报名参加中小学教师资格考试的基本条件包括:具有中华人民共和国国籍,或在内地(大陆)学习工作生活的港澳台居民;遵守《中华人民共和国宪法》和法律,拥护中国共产党领导,坚持社会主义办学方向,贯彻党的教育方针,热爱教育事业,具有良好的思想品德;符合申请认定教师资格的体检标准;具备《教师法》规定的相应学历条件,并应符合报名所在地确定并公布的学历要求;等等。教育部办公厅、中共中央台湾工作办公室秘书局、国务院港澳事务办公室秘书行政司联合印发《关于港澳台居民在内地(大陆)申请中小学教师资格有关问题的通知》明确规定,在内地(大陆)学习、工作和生活的港澳台居民,凡遵守《中华人民共和国宪法》和法律,拥护中国共产党领导,坚持社会主义办学方向,贯彻党的教育方针,根据自愿原则,可申请参加中小学教师资格考试,认定中小学教师资格。港澳台居民申请教师资格需符合《中华人民共和国教师法》规定的学历要求,应达到国家语言文字工作委员会颁布的相应普通话水平等级标准。港澳台居民申请中小学教师资格的其他条件、程序和提交材料与内地(大陆)申请人相同。

依据《教师法》《教师资格条例》和《中小学教师资格考试暂行办法》相关规定,被撤销教师资格的,5年内不得报名参加考试;受到剥夺政治权利,或故意犯罪受到有期徒刑以上刑事处罚的,不得报名参加考试;参加教师资格考试有作弊行为,按照《国家教育考试违规处理办法》受到禁考处罚的,在禁止期内不得报名参加考试。

《中华人民共和国教师法》第十一条规定,取得教师资格应当具备的相应学历是：

① 取得幼儿园教师资格，应当具备幼儿师范学校毕业及其以上学历；

② 取得小学教师资格，应当具备中等师范学校毕业及其以上学历；

③ 取得初级中学教师、初级职业学校文化、专业课教师资格，应当具备高等师范专科学校或者其他大学专科毕业及其以上学历；

④ 取得高级中学教师资格和中等专业学校、技工学校、职业高中文化课、专业课教师资格，应当具备高等师范院校本科或者其他大学本科毕业及其以上学历；取得中等专业学校、技工学校和职业高中学生实习指导教师资格应当具备的学历，由国务院教育行政部门规定；

⑤ 取得高等学校教师资格，应当具备研究生或者大学本科毕业学历；

⑥ 取得成人教育教师资格，应当按照成人教育的层次、类别，分别具备高等、中等学校毕业及其以上学历。

报考前要认真查阅当地发布的考试公告，清晰了解报考条件等相关要求后，再履行报名程序。普通高等学校在校三年级以上的学生，尚未拿到毕业证书，也可以凭在籍学习证明报名参加考试。例如《2020年上半年北京市中小学教师资格考试笔试报名公告》规定，在京全日制普通高等学校在校三年级以上学生（含在读研究生），可凭在"学信网"（https://www.chsi.com.cn/）下载打印的在读阶段的《教育部学籍在线验证报告》或学校出具的在籍学习证明报考，大专在校学生须在毕业的学年度方可报考，即三年制大专在三年级可以报考，两年制大专在二年级可以报考。

【信息速递】

广东省2020年上半年中小学教师资格考试笔试报考条件

1. 具有中华人民共和国国籍，身体健康。

2. 遵守宪法和法律，热爱教育事业，具有良好的思想品德。

3. 具有广东户籍,或人事(劳动)关系在广东。
4. 符合《教师法》规定的学历要求。
5. 广东省内普通高等学校三年级及以上的全日制学生、毕业学年的全日制专科生以及广东省内幼儿师范学校毕业学年的全日制在校生,可凭学校出具的在籍学习证明报考相应的教师资格。
6. 在内地(大陆)学习、工作和生活的港澳台居民,凡遵守《中华人民共和国宪法》和法律,拥护中国共产党领导,坚持社会主义办学方向,贯彻党的教育方针,根据自愿原则,可申请参加中小学教师资格考试。

中小学教师资格考试是由国家建立考试标准,省级教育行政部门组织的全国统一考试。中小学教师资格考试主要考查申请人从事教师职业应具备的职业道德、心理素养和教育教学能力,突出育人导向、能力导向、专业化导向和实践导向。申请人必须自行通过"中小学教师资格考试网"(http://ntce.neea.edu.cn)注册,如实填报个人信息和报考信息,正确选择报考类别、考区和考试科目等项目,不能委托他人代理报名。

网上审核通过后,考生要按时根据系统提示进行在线支付考试费。缴费成功后,考生便报名成功。

二、教师资格考试的笔试

中小学教师资格考试主要包括幼儿园教师资格考试、小学教师资格考试、初级中学教师资格考试、普通高级中学教师资格考试、中等职业学校文化课教师资格考试、中等职业学校专业课教师资格考试、中等职业学校实习指导教师资格考试。幼儿园、小学、初级中学、高级中学、中等职业学校的教师资格考试和中等职业学校实习指导教师资格考试,每年进行两次。考试包括笔试和面试两部分,笔试各科成绩合格者,方可参加面试。

笔试主要考查申请人从事教师职业所应具备的教育理念、职业道德、法律法规知识、科学文化素养、阅读理解、语言表达、逻辑推理和信息处理等基本能力;教育教学、学生指导和班级管理的基本知识;拟任教学科领域的基本知识,教学设计、实施、评价的知识和方法,运用所学知识分析和解决教育教学实际问题的能力。我们要做好相关知识和技能的复习和训练,不打无准备之仗。

中小学教师资格考试笔试科目各有异同,幼儿园笔试科目为《综合素质》和《保教知识与能力》两科,小学笔试科目为《综合素质》和《教育教学知识与能力》两科,初级中学、普通高级中学和中等职业学校文化课教师资格考试笔试科目为《综合素质》《教育知识与能力》《学科知识与教学能力》三科,中等职业学校专业课教师和实习指导教师资格考试笔试科目为《综合素质》《教育知识与能力》《专业知识与教学能力》三科。笔试各科目均采用纸笔方式进行,各科考试时间均为120分钟。中小学教师资格考试大纲由教育部根据中小学教师资格考试标准统一制定,试题由教育部考试中心依据各科考试大纲统一命制。具体如下表:

表1-2 中小学教师资格考试科目

类别		笔试科目		
		科目一	科目二	科目三
幼儿园		综合素质	保教知识与能力	
小学		综合素质	教育教学知识与能力	
初级中学		综合素质	教育知识与能力	学科知识与教学能力
高级中学				学科知识与教学能力
中职	文化课教师			学科知识与教学能力
	专业课教师			(试点省自行组织)
中职实习指导教师				(试点省自行组织)

初级中学和高级中学的《学科知识与教学能力》科目略有不同,初级中学《学科知识与教学能力》科目分为语文、数学、英语、物理、化学、生物、思想品德、历史、地理、音乐、体育与健康、美术、信息技术、历史与社会、科学等15门科目,

高级中学《学科知识与教学能力》科目分为语文、数学、英语、物理、化学、生物、思想政治、历史、地理、音乐、体育与健康、美术、信息技术、通用技术等 14 门科目。

按照教育部规定，中小学教师资格考试没有指定教材，可以通过教育部中小学教师资格考试网下载《考试标准》和《考试大纲》，根据考试大纲的知识点自行购买书籍复习、备考，做好笔试这一"入门赛"的知识储备和思想准备。

三、教师资格考试的面试

笔试过关之后，就可以参加面试。虽然笔试成绩可保留两年，但如果可以一鼓作气，当然是最稳妥的。

面试主要考核职业道德、心理素质、仪表仪态、言语表达、思维品质等个人基本素养和教学设计、教学实施、教学评价等教学基本技能。

面试考试大纲分为《幼儿园教师资格考试面试大纲》《小学教师资格考试面试大纲》和《中学教师资格考试面试大纲》三类，幼儿园教师资格考试面试不分科目，小学、初级中学、普通高级中学、中职文化课类别教师资格考试面试分科目进行。我们要根据自己选报的科目熟悉评分标准，知己知彼方能百战不殆。例如报名参加中学教师资格考试面试，我们要结合"职业认知""心理素质""仪表仪态""言语表达""思维品质""教学设计""教学实施""教学评价"八大项目做好充足的准备，在面试中充分展示自己的综合实力和素养。

表 1-3　中学教师资格考试面试评分细则

序号	测试项目	权重	分值	评　分　标　准
一	职业认知	5	2	较强的从教愿望，对教师职业有高度的认同，对教师工作的基本内容和职责有清楚了解
			3	关爱学生、尊重学生、平等对待学生，关注每个学生的成长

续 表

序号	测试项目	权重	分值	评分标准
二	心理素质	5	3	活泼、开朗,有自信心
			2	有较强的情绪调节能力
三	仪表仪态	5	2	衣着整洁,仪表得体,符合教师职业特点
			3	行为举止稳重端庄大方,教态自然,肢体表达得当
四	言语表达	15	8	语言清晰,表达准确,语速适宜
			7	善于倾听、交流,有亲和力
五	思维品质	15	3	思维缜密,富有条理
			4	迅速地抓住核心要素,准确地理解和分析问题
			4	看待问题全面,思维灵活
			4	具有创新性的解决问题的思路和方法
六	教学设计	10	4	了解课程的目标与要求、准确把握教学内容
			3	能根据学科的特点,确定具体的教学目标、教学重点和难点
			3	教学设计体现学生的主体性
七	教学实施	35	6	情境创设合理,关注学习动机的激发
			10	教学内容表述和呈现清楚、准确
			4	有与学生交流的意识,提出的问题富有启发性
			8	板书设计突出主题,层次分明;板书工整、美观、适量
			7	教学环节安排合理;时间节奏控制恰当;教学方法和手段运用有效
八	教学评价	10	5	能对学生进行过程性评价
			5	能客观地评价教学效果

面试实行考官主考制度,考官由高校专家、中小学和幼儿园优秀教师、教研机构专家等组成。面试依据教育部印发的《中小学和幼儿园教师资格考试标准(试行)》和《考试大纲(试行)》(面试部分)进行,使用教育部考试中心统一研制的面试测评系统,采用结构化面试、情景模拟等方法,包括备课(或活动设计)、试讲(或演示)、答辩(或陈述)等环节。考生按照有关规定随机抽取备课题目,进行备课,时间20分钟,然后接受面试,时间20分钟。考官根据考生面试过程中的表现,进行综合性评分。

相对于笔试而言,面试更侧重考查考生的综合素质,包括言行举止、着装打扮、精神面貌、品行态度以及综合分析能力、表达能力、应变能力、人际交往能力、组织策划能力等。

如果面试过关,教育部考试中心会为笔试、面试都合格的考生提供《中小学教师资格考试合格证明》,该证明有效期为3年,这一证明是申请教师资格认定的必要条件。

四、教师资格的认定

《中小学教师资格考试合格证明》只是成绩单,还不是资格证书。取得教师资格考试合格证明且在有效期内,还需要本人向有关部门提出申请,认定教师资格。

《教师资格条例》第十三条规定,幼儿园、小学和初级中学教师资格,由申请人户籍所在地或者申请人任教学校所在地的县级人民政府教育行政部门认定。高级中学教师资格,由申请人户籍所在地或者申请人任教学校所在地的县级人民政府教育行政部门审查后,报上一级教育行政部门认定。中等职业学校教师资格和中等职业学校实习指导教师资格,由申请人户籍所在地或者申请人任教学校所在地的县级人民政府教育行政部门审查后,报上一级教育行政部门认定或者组织有关部门认定。

我们申请认定教师资格,应当关注所在省份教师资格认定的公告,查询认定流程、认定政策、普通话测试、体检和需要提交的材料等具体规定,按要求提交《教师资格认定申请表》以及相关证明或者材料,例如身份证明、学历证书、普通话水平测试等级证书、教师资格考试合格证明、体格检查证明、个人承诺书等。

教育行政部门或者受委托的高等学校在接到公民的教师资格认定申请后,应当对申请人的条件进行审查;对符合认定条件的,应当在受理期限终止之日起30日内颁发相应的教师资格证书;对不符合认定条件的,应当在受理期限终止之日起30日内将认定结论通知本人。

教师资格证书作为持证人具备国家认定的教师资格的法定凭证,由国务院教育行政部门统一印制,在全国范围内适用。社会各类培训机构颁发的培训证书、证明不能作为教师资格证书使用。我们要熟悉政策,辨别真假,以免上当受骗。

一般来说,取得教师资格的公民,可以在本级及其以下等级的各类学校和其他教育机构担任教师。例如取得高级中学教师资格的公民,既可以担任高级中学教师,也可以担任初级中学教师,还可以担任小学教师。但是,取得中等职业学校实习指导教师资格的公民只能在中等专业学校、技工学校、职业高级中学或者初级职业学校担任实习指导教师,不能担任文化课和专业课教师。此外,根据《幼儿园工作规程》第四十一条,幼儿园教师必须具有《教师资格条例》规定的幼儿园教师资格。

五、教师资格的注册

取得教师资格后并非一劳永逸。2014年8月6日,教育部颁布《中小学教师资格定期注册暂行办法》规定,中小学教师资格每5年注册一次。教师资格定期注册是对教师入职后从教资格的定期核查,定期注册不合格或逾期不注册的人员,不得从事教育教学工作。

教师资格定期注册的对象为公办普通中小学、中等职业学校和幼儿园在编在岗教师。依法举办的民办普通中小学、中等职业学校和幼儿园教师是否纳入定期注册范围,由省级教育行政部门决定。

已纳入注册范围的地区、学校和教师要按照省级教育行政部门和当地教育行政部门以及任教学校的文件和通知要求,按时进行定期注册。未纳入定期注册范围的人员无需注册,其教师资格证书仍然有效。

教师资格定期注册条件以师德表现、年度考核和培训情况为主要依据。申请人隐瞒有关情况或提供虚假材料申请教师资格注册的,视情况暂缓注册或注册不合格,并给予相应处罚;已经注册的,应当撤销注册。严重违反师德的,一个定期注册周期内连续两年以上(含两年)年度考核不合格的,依法被撤销或丧失教师资格的,注册不合格。

六、教师资格的丧失

教师职业不是铁饭碗。教师承担着国家使命和公共教育服务的职责,党和国家历来高度重视教师工作,将教师队伍建设摆在突出位置,一方面大力振兴教师教育,不断提升教师专业素质能力,不断提高教师地位待遇;另一方面注重加强对教师思想政治素质、师德师风等的监察监督,强化师德考评,体现奖优罚劣,推行师德考核负面清单制度。

中小学教师定期注册制度,成为教师留与退的"门槛",合格者继续从教,不合格者将被淘汰,退出教师行列。此外,受到剥夺政治权利或者故意犯罪受到有期徒刑以上刑事处罚的,不能取得教师资格;已经取得教师资格的,丧失教师资格。弄虚作假、骗取教师资格的,以及品行不良、侮辱学生,影响恶劣的,由县级以上人民政府教育行政部门撤销其教师资格。

根据《教师资格条例》规定,丧失教师资格者,由其工作单位或者户籍所在地相应的县级以上人民政府教育行政部门按教师资格认定权限会同原发证机关办理注销手续,收缴证书,归档备案。丧失教师资格者不得重新申请认定教师资格。被撤销教师资格者,由县级以上人民政府教育行政部门按教师资格认定权限会同原发证机关撤销资格,收缴证书,归档备案。被撤销教师资格者自撤销之日起5年内不得重新取得教师资格。对使用假资格证书的,一经查实,按弄虚作假、骗取教师资格处理,5年内不得申请认定教师资格,由教育行政部门没收假证书。对变造、买卖教师资格证书的,依法追究法律责任。

教师承担着传播知识、传播思想、传播真理的历史使命,肩负着塑造灵魂、塑造生命、塑造人的时代重任,是教育发展的第一资源,是国家富强、民族振兴、人民幸福的重要基石。[①] 期盼着莘莘学子积极投身教育事业,形成优秀人才争相从教、教师人人尽展其才、好教师不断涌现的良好局面。

---

① 中华人民共和国中央人民政府.中共中央 国务院关于全面深化新时代教师队伍建设改革的意见[EB/OL].(2018-01-31)[2020-03-21]http://www.gov.cn/xinwen/2018-01/31/content_5262659.htm.

第三节 现实案例分析

案例一：我的梦想

说起梦想，回忆将我拉回了童年。上幼儿园那会儿，每天放学我都要叫上几个小伙伴去捡粉笔，把我奶奶家的铁板当成黑板。大家轮流扮演老师和学生，模仿老师讲课、考试，大家在黑板上写写画画，其乐融融。如果凑不到伙伴，我就自己扮演老师，把空气当成学生，乐在其中！这也就是我爷爷奶奶口中的所谓"唱独角戏"。然而，这独角戏却在我的读书生涯中刻下了一个深深的烙印。当同龄人都在追偶像剧追明星的时候，我还是沉迷在这独角戏中，只不过把铁板换成了真正的黑板，在黑板上无数次演绎推理着数学问题。

2013年，我在填报高考志愿时，义无反顾地选择了数学师范类专业，我就是要做一名教师！众所周知，要成为一名教师首先要取得教师资格证。为了能顺利考取教师资格证，我刻苦钻研、努力拼搏。在大一下学期，通过几轮筛选，我进入大学第二届卓越教师培养计划实验班。在当时，全年级只有前60名才能进入卓越班，竞争十分激烈。每个周末，当其他同学都在睡懒觉、逛街、玩游戏的时候，我却一大早坐校车去广州市海珠校区上卓越班的课程，学习先进的教育理论。比如《学与教的心理学》、六顶思考帽、世界咖啡屋的讨论；还听了许多著名的专家、教授的讲座,从他们的讲授及经历中领悟到了教育的真谛。除此之外,我们实验班每周都会抽出时间一起练习粉笔字、模仿上课和评课。到名师工作室实战演练,积累经验,吸取教训。在这期间,我们数学专业的5个人参加了国家级大创项目课题《数学师范生教材分析能力发展研究》,结项等级为优秀。这些都为我考取教师资格证打下了扎实的理论基础和实战经验,但却并不意味着考取教师资格证就一帆风顺。

在考教师资格证的过程中,有两件事令我记忆犹新。一是为了考取二乙等级的普通话证书。记得那时,我每天起床的第一件事就是跑到阳台大声朗读。因为我知道我的短板——潮汕口音!为此不论风雨,我坚持朗读了一年半的时间,期间考了三次,功夫不负有心人,第三次终于通过了。二是为了通过面试。我借来了小学数学整整12册课本,每天抽出20分钟时间写教案、10分钟备课,然后去找空教室试讲、让同学评课,不管严寒酷暑我坚持了两年,终于把12册书都讲完了。正因如此,我在面试环节顺利通过,如愿拿到了教师资格证。

事实证明,大学四年的努力没有白费。2017年我大学毕业,恰逢广州市增城区教育局招聘教师,扎实的理论功底和教学基础,让我顺利通过考试,成为了一名光荣的荔城二小教师!

来到二小,我是幸运的,也是幸福的。因为我们学校有专门的教师成长学院。尤其是作为名校长的刘映桃校长亲自带领我们新教师,在学校广泛开展全方位的培训和实操,涵盖了班级管理、课堂教学、科学研究、专业成长等方方面面,使我们迅速成长起来,让我在管理学生上秉持和善而坚定的原则去呵护每一个孩子的心灵!

来到二小,我深深感受到了教师激情四射的教学热情和学生斗志昂扬的和谐氛围。为此,我不敢懈怠,努力践行。入职两年,我先后承担了校级公开课,参加了增城区级课题《教师教材解读能力的行动研究》。在广州市中小学期刊上发表了《平均数问题》、《尾数问题》、《页码和数码问题》等文章。2017年参加第十二届广州市中小学数学教师解题比赛荣获"一等奖"。2018年参加增城区

"用好小学数学《教师教学用书》"案例征集与评比荣获"二等奖"。

惟愿今后：只争朝夕不负韶华。

（案例主人公：广州市增城区荔美教育集团核心校荔城二小　蔡慈虹）

案例启示　蔡慈虹老师的经历告诉我们，一旦选定目标从事教育工作，就要坚定信念，不要动摇。只要坚持，一步一个脚印朝着目标迈进就会成功。在这里有几点提醒：一是从事教师工作的基本前提是考取教师资格证，取得教师资格证更能迅速且成功步入教师行业。而且自从教师资格证考试制度改革以来，不管是师范生还是非师范生，都必须要通过考试，才可以拿到教师资格证。二是蔡老师用她的亲身经历告诉我们：比别人早走一步就意味着比别人早一步接近成功。蔡老师深知一张教师资格证对教师来说就是"命脉"所在，所以早早做好备考准备。而她在考取教师资格证的过程中，收获的不仅仅是教师资格证，而是教育教学能力和水平的双重提升，收获的是扎实的教育理论功底和教育教学技能。正是于此，她顺利通过教师招聘考试，圆了她的教师梦！三是随着越来越多的人报考教师资格证，使得它的含金量越来越高，自然而然的，它的考试通过率也就越来越低。想要顺利地通过考试，考生们就需要尽最大的努力在备考环节做好准备。唯有如此，才可能以更大的机会顺利通过考试拿到教师资格证书，所以请大学生们早作准备。四是蔡慈虹老师用她的坚持与梦想谱写了一首从小立志作老师并为此不懈努力而圆梦的赞歌。入职短短两年，成为教坛新秀，前景光明。因为坚持，没有弯路。因为坚持，所以圆梦。因为圆梦，所以幸福。

案例二：我的教师之路

能够成为一名在职在编教师，真是三生有幸。回想起这个历程，不禁心潮涌动。

2010年夏天，我参加高考。出乎意料，一直是学校尖子生的我考砸了，分数勉强达到一本线，于是我去了广西民族大学读书，专业是汉语言文学教育。虽然所学的专业是师范类专业,但我并不打算毕业后当教师。2014年我大学毕业,一直不想做老师的我报考了公务员。我以应届生的身份报考了家乡广西玉林的选调生考试。顺利通过笔试,但面试时被刷下来了,公务员考试宣告失败。不甘心的我又去尝试参加研究生考试。但由于自己不够坚决,备考时三天打鱼两天晒网,考研也失败了。当时我很颓丧,觉得自己一无是处。看看周围的同学,大多有了自己的归宿,或考上了公务员,或成为了在职在编老师,或找到了其他工作,而我一无所成。转眼间,离别的列车就要到来。招聘的机会也越来越少,我想再找一份好工作已经来不及了。

就这样,我怀着悔恨与伤感毕业了。毕业后我来到广州,恰好从网上看到一家新闻社招聘人员,便赶紧按照要求准备了相关材料,坐了一个多小时公交车到达招聘地点。两位和我妈妈年龄相仿的面试官,只问了一句"你有没有在期刊上发表过文章?"我坦言我只在学校的一些自媒体上发表过。他们斩钉截铁地说:"那不行,这个岗位的要求必须具备这个条件,不符合要求是不可以的。"当时听到这一句,我的眼泪在眼里直打转,低着头收拾好东西,出门后蹲在马路上哭了,过往的行人都在看我,但我就是克制不住自己的难过。几天后,我又应聘了一家福利待遇不错的国企。第一关是笔试,考的题类似于公务员考试试题,但更简单一些,我笔试考得还不错。考完笔试后的两三天,我就收到了面试通知。我很开心,充满希望地去面试了,憧憬着以后入职后的幸福生活。谁知道面试官了解了我的学习背景,随便问了我几个问题后,便毫无兴趣了。这一次又是以失败而告终。找了两三个月的工作,心灰意冷之下,本着先就业再择业的心态,我去了一家小公司做文员。平时主要负责整理材料,打印文件,登记来访人员信息,职员考勤,收发快递等工作。刚开始真的感觉很轻松很快乐。但是熟悉工作之后,觉得这个工作缺乏挑战,对技能的要求很少,职业发展看不到前景。而且工资很低,每月只有三四千,除去住房租金,再算上吃、穿、交通等开支,更显囊中羞涩了。于是我选择了离开。之后,我相继做了课程销售、培训机构宣讲员等工作。课程销售也就是售卖课程,从中拿提成。当时作为一名新人，经过了短暂的集体培训就安排到了校区工作。被分配在一个老校区，地理位置有点偏，资源本来就不多，更别提呼入、直访和推荐这样的优质资源。每天接近十二个小时的上班时间，不管是上班还是下班都在打电话邀约。好不容易熬了几个月之后，我深切地感受到了我并不适合做销售，我没法喜欢上这种风里来雨里去的工作，内心极不安定。随后，我以自己的本科所学专业应聘了培训机构的语文老师，相比前面几份工作，这时，我才发现自己比较喜欢做老师。因为我喜欢也很享受给孩子们上课的感觉。但是，培训机构的上班时间和其他工作是不一样的，我们通常在节假日和周末上班，这也就错过了很多和好友、亲人相聚的时光，并且培训机构的功利性很强，偏离了教育的本质。慢慢地，我对这份工作从最初的兴奋，到后来的平淡，再到后来的倦怠，以及对工作时间的不适应，职业发展到达了瓶颈期，让我不得不重新思考接下来的路。加上我好多本科毕业后就在学校做教师的大学同学在短短两年的时间里，迅速成为了学校的骨干教师，前途光明，收入不低，生活很幸福。这些让我沉思：我本是师范生，是不是应该做一名学校教师？于是，我报名参加了好几场广州各区的教师招聘考试，但是有两年"没摸"教育方面的书了，生疏了。几次考试均以失败而告终。不甘心的我又在想：要不先积累一些教育教学经验？于是又给很多招聘临聘教师的学校投了简历，但都以我没有教师经验为由而拒绝！无奈之下，2016年9月，我毅然选择辞职考研。这次辞职可以用破釜沉舟来形容，因为如果考研失败，我又要回到起点，重新找工作。为此，我加足马力全力以赴。在暨南大学旁边租了一个全天不见阳光，透气不好的小房间。每天雷打不动地到暨大图书馆学习，全身心投入考研。功夫不负有心人，2017年9月，我如愿成为了暨南大学的汉语国际教育硕士专业的研究生。此次读研，俨然一次新生，我又获得了主动权。相比本科时的浑浑噩噩，我这次读研目标坚定，那就是努力学习知识，多实践，多积累，一定要在读研期间考取教师资格证。这一次，我不再纠结毕业后去考公务员或找其他工作，就是坚定做一名教师！因为我这时才发现：当老师好！再看看自己的性格，原来我是那种喜欢简单、稳定的生活的人，作老师要比公务员更适合我。我一定要当一名教师！

如果说考取研究生，坚定考教师编制的目标是我成为教师路上的第一块基石。那么，考取教师资格证，则是第二块基石。因为没有教师资格证就不能报考教师岗位，可见教师资格证是多么的重要！所幸一切还来得及。为了考取教师资格证，我购买了一大摞的相关学习资料。每天去图书馆学习，看一遍不明白，就反复地看，直到弄明白为止。厚积薄发，教师资格证的笔试很顺利通过。接下来，就要准备教师资格证的面试。一般来说，笔试努努力，通过没问题。但是面试就不一样了，教学技能不过关，面试是很有可能通不过的。我只好一遍又一遍地模拟试讲，把考试范围内的每一篇课文都吃透。天道酬勤，面试通过，我拿到了教师资格证！

2019年6月，我研究生毕业。但广州市针对应届生的教师校园招聘考试考点一般设在外省。我不怕劳累奔波，毫不犹豫地买了到武汉、西安、重庆等地方的车票，前往参加考试，却一次次失落而归。但最终上天总是眷顾努力的人。终于，我在参加增城区教育局教师招聘考试时顺利通过笔试、面试。经过体检、政审、培训等程序，我于2019年8月入职广州市增城区凤凰实验小学，光荣地成为了一名教师！

至此，我进入学校教学半年，有过迷茫、困惑、压力、喜悦，百感交集，但也倍加珍惜。写教案、备课、做课件、批改作业，学习各种理论书籍，学习如何当好老师、当好班主任等，每天如陀螺般转个不停，但忙并快乐着。我也慢慢地适应和喜欢上了这样的生活。和孩子们相处，天真可爱，工作环境也很单纯。同时，学校领导很重视培养新人，手把手地教我们，给我们很多锻炼的机会。入职半年，我参与学校公众号写作，协助管理学校午托事务，统计整理各种材料，做班主任，开公开课等，从中学到了很多知识，让我成长很快。现在的工作有寒暑假，这真是太好的福利！我可以用这个时间充充电、陪陪家人，这是其他工作无法媲美的！所以我很喜欢现在的工作！想想此时已30岁的我，能拥有这么一份工作，很是满足了！

现在，我更坚定了自己的理想和抱负，把教书育人当作一件快乐的事去做！一边坚守初心，一边接受现实。最想对自己说，别让自己的热情白白消耗，一定要制定好自己的职业生涯规划，不断积累经验。坚持写教学日志，多学习，多思考，多创新，多反思，多实践。期待我能在这条路上越走越远！

（案例主人公：广州市增城区凤凰实验小学　黄玉婷）

案例启示　黄玉婷老师的教师之路何尝不是反映了现在绝大多数大学生的普遍就业思想。本是读师范专业的，却偏不想做教师。因为她的摇摆不定，考公务员、考研均以失败而告终。理想是丰满的，然而现实是骨感的。干了好几份工作，却没有一份是称心如意的，比较来比较去最后认为教师是最好的职业。为此，她不得不再次考研，重新考取教师资格证。虽然终于走上教师岗位，只是兜兜转转，一晃30岁，走了不少弯路。在此，想告诉大学生们：一是2019年下半年，教育部发布了《关于规范校外线上培训的实施意见》，要求教师持证上岗。所有无证教师，都要在2020年6月全面下岗！所以，教师资格证是一个人进入教师队伍的必备证书，可以说是叩开教师这扇大门的敲门砖。如果没有教师资格证，那么想要当教师是不可能的。二是十年树木，百年树人，教师自古以来就是一个高尚的职业，被誉为人类灵魂的工程师。目前，我国要在2020年全面建成小康社会，并向中等发达国家迈进。科教兴国的战略任务使得教育事业的重要性进一步提升。2019年，任正非在接受中央电视台的采访时说，抓好基础教育决定中国的未来。所以选择从事教育事业，对个人来讲是有广阔的职业发展前景的。三是近年来随着国家对教育投入的逐年加大，教师职业不仅拥有"铁饭碗"的稳定优势，而且社会对教师会越来越重视，越来越尊重。教师的社会地位也越来越高，福利待遇也越来越好。我国教师法明确规定：教师的平均工资水平应当不低于或者高于国家公务员的平均工资水平，并逐步提高。可见当教师，是一个适合作为终身职业的很好的选择。四是随着我国社会的不断发展，社会各方面的竞争都将非常激烈，尤其是找工作，竞争更是激烈。也许很多在校大学生，并不能意识到职业道路选择的重要性。但何不趁着青春年华，好好地考取教师资格证,也许这将是你对自己前途最好的投资。多一个证书,多一份选择。所以希望立志教育事业的大学生们早作准备,尽早考取教师资格证,少走弯路。

第二章 教师招聘

在现实生活中，为什么有很多考生东奔西跑到处应聘，最后还是落空？为什么另外一些人却能够应付自如、成竹在胸、过五关斩六将顺利通关获得录用？当你已经通过努力考取了教师职位，作为一名新教师，如何尽快进入角色，从新手教师尽快修炼成为一名合格教师？不打无准备之仗才是应有之道。

第一节　公办中小学教师招聘的程序

我们应该明白教师招聘的价值、国家相关规定、招聘工作的各种规定、相关注意事项,认识招聘各环节的流程和每个流程上需要把握的细节,要认识充分、知己知彼、充满信心地去参加教师招聘。

一、教师招聘工作的意义

每到毕业季,各高校的学生就开始奔忙于职场参加各种应聘考试。值得关注的是,随着国家对教育的日益重视,尤其是不断出台完善教师待遇的政策措施,教师行业受到热烈追捧。在这场人才大战中,各地政府纷纷各出奇谋招揽人才加入教育行业,使到教师整体素质逐年提升。最近的一则消息就是2020年1月,杭州市委、市政府出台《关于全面深化新时代教师队伍建设改革的实施意见》提出率先实现教师平均工资收入高于公务员平均工资收入水平。实际上,目前不少沿海地区(例如广州市的黄埔、天河、南沙、增城等区)甚至内陆地区教师待遇都是非常令人羡慕的。所以,你选择从事教师职业是正确的。

二、教师招聘的有关政策规定

1. "依法依规""逢进必考"原则

这里讲的教师招聘,主要是针对公办学校(含中小学、幼儿园、职业教育等教育事业单位)的教师职位招聘。从国家层面看,学校招聘教师以《事业单位公开招聘人员暂行规定》(中华人民共和国人事部令第6号)为基础,在此基础上各地区按照自身情况制定本地区的招聘办法和细则。根据政策规定,事业单位新进人员除国家政策性安置、按干部人事管理权限由上级任命及涉密岗位等确需使用其他方法选拔任用人员外,都要实行公开招聘。因此,要成为一名学校教师,要了解"依法依规"和"逢进必考"的原则。

2. 教师招聘的基本流程

① 制定招聘计划;② 发布招聘公告;③ 组织报名;④ 资格审查;⑤ 组织考试;⑥ 组织体检;⑦ 组织考察;⑧ 公示招聘结果;⑨ 办理入职。

上述流程各地会根据区域或部门实际情况在环节和顺序上略有不同。

三、报考人员需要了解和熟悉的事项

1. 找规范招聘网站

各高校每到招聘季都有校园招聘专场,哪怕在2020年2—3月份的新冠病毒疫情影响下,人社部、教育部都积极为应届大学生招聘提供各种便利。譬如组织"2020届高校毕业生全国联合网络招聘——24365校园招聘服务"活动,将企业的岗位招聘信息通过互联网平台为每个毕业生提供及时的线上咨询和招聘服务。

近年来,各地招聘工作从程序规范上着眼,教师招聘公告一般在上半年就开始在"全国事业单位招聘网"发布,网址为 https://www.qgsydw.com/qgsydw/index.html,也会在该区域政府门户网站上同步发布招聘公告。报考人员均可以通过这些规范网站查询了解到各地规范的招聘信息。

2. 认真研读公告内容

考生报名前务必要研读招聘方案(也称招聘公告,下称招聘公告)的内容。以《广东省事业单位公开招聘人员办法》(广东省人民政府令第139号)规定为例,招聘公告的主要内容包括：① 用人单位情况简介;② 招聘人数;③ 招聘岗位名称、岗位职责和资格条件、岗位薪酬和相关待遇;④ 招聘范围;⑤ 报名时间、地点和方式;⑥ 考试时间和地点、考试方式和范围、面试人数的计算方法、最终成绩的计算方法、考试成绩的公布时间和方式;⑦ 体检和考核的要求;⑧ 聘用人员名单的公布方式、咨询电话、举报或者投诉电话;⑨ 需要说明的其他内容。

因此,考生在报名前,自己一定要认真研读相关招聘公告,阅读每个细节,尤其是报名条件、考试要求、职位设置等。对于细节问题无法把握的应该通过公告中公布的咨询电话,主动联系招聘工作人员进一步了解详情。

3. 找与专业对口的岗位

一般而言,各地招聘教师职位设置,基本上与目前高校开设的专业相对应,例如高中语文教师,全日制研究生学历的,一般招聘"课程与教学论(语文方向)(A040102)、学科教学硕士(专业硕士)(语文方向)(A040112)、中国语言文学(A0501)"的考生或社会人员,全日制本科学历的,一般招聘"中国语言文学类(B0501)"的考生或者社会人员。但也有特殊的,例如招聘小学科学教师职位,有些地方会面向化学、生物科学、物理学和地理科学等专业方向的考生开放。因此,考生务必认真阅读各地招聘方案中的职位设置表,认真研判职位专业条件与自身的条件是否匹配。

招聘公告一般附有上一年度的该区域所在省份的《招聘考试录用公务员专业参考目录(学科对应具体专业目录)》,按照目录上的对应专业和招聘职位表,即可以找到自己所学专业是否符合报考条件。

4. 按照适配的人员类型报名

从人员类型看,结合招聘人数比例、自身条件参加招聘报名,也是参加报考人员应聘的考虑策略之一。尽管各地情况不同,但招聘的时候,一般情况下均会有不同数量的名额用于招聘应届毕业生和社会人员。关于"应届毕业生"的界定，正常情况下就是招聘当年毕业的学生。但各地从稳定和拓宽大学生就业路径考虑，会出台一些地方政策，比如广东省教育厅、广东省公安厅、广东省人力资源和社会保障厅在2019年3月联合发出《关于实行广东省普通高等学校毕业生就业择业期政策（试行）的通知》，就有对于"就业择业期"内的大学生作出的规定："对于择业期内的毕业生在广东省就业、升学方面享有与应届毕业生同等的待遇，执行应届毕业生就业、升学、劳动及人事相关法律法规政策"。因此，招聘当年大学毕业已有两年的学生，如果符合相关"适用对象"条件的，也可按照应届毕业生的身份报考。

关于"社会人员"报考条件的规定，各地也会从提高从业人员质量考量，设置一些门槛，比如要求报考人员须有"在学校、教育培训机构等教育机构从事教学一年或以上的经历"，甚至有些地区从提高学校临聘教师积极性出发，报名时会要求报考人员需要"在中小学、幼儿园（注：含公民办中小学校、幼儿园）从事教育教学的经历"的规定。因此，社会人员如果有志于从事教师职业，建议考虑先在全日制中小学校（含幼儿园）担任临时聘用教师工作。这样做，无论从符合应聘条件，还是积累教育教学的应考经验，对考生都是有重要帮助的。

5. 熟悉招聘流程

按照规定，招聘方案公布后，需要十个工作日公示，方能开展招聘报名工作。招聘报名一般采取网上报名或现场报名的方式，不少于3个工作日。有的招聘，由于招聘单位直接进驻大学设点开展招聘，因此一般会采用网上报名和现场报名相结合的方式。

所以，在报名、资格审核和考试前，报考人员务必掌握好招聘的各个流程顺序和时间节点，并做好记录，以确保自己在报名、资格审核、考试、体检等环节不会因为时间节点没有把握好耽误自己的应聘。

6. 参加资格审查

（1）总体要求

按照规定，资格审查必须由本人亲自携带各种资料以及网上报名网址上打印出来的《报名表》和《资格审查目录表》(注意应届生和社会人员表格是不同的)到达指定的现场参加审查。报考人员应该按照《资格审查目录表》的要求，点对点地逐一准备复印材料，尤其是务必在规定的时间内，携带本人需要准备的所有原件和复印件到达相关审核点。

(2)资格审核环节需要提交的材料

作为应届生一般需要准备：身份证原件及复印件、就业协议书或就业推荐书、教务处加盖印章的学业成绩单原件及复印件、普通话水平证书原件及复印件、教师资格证原件或复印件(应届毕业生没有的话需要写承诺书，承诺在一定期限内取得)、暂缓就业协议书原件及复印件(针对非当年毕业的大学生)、全日制本科及以上的学历、学位证书原件及复印件。有些地区，对于报考英语学科的还要求提供全国高校英语专业八级证书原件与复印件。另外，还有自己亲笔签名的《报名表》和《资格审查目录表》原件。

作为社会人员一般需要准备：身份证原件及复印件、全日制大学本科及以上学历证书、学士及以上证书、学历学位鉴定报告原件和复印件(或学信网查询的学历证书电子注册备案表原件、中国学位与研究生教育信息网查询的学位认证报告原件)、相关年限的在职教师证明、劳动合同和社保缴纳明细(社保局加盖公章)、教师资格证(一般情况下，资格证高学段的可以往下兼容，例如高级教师资格证可以报考高中及以下学段的职位，初中的可以报考初中及以下学段的职位，如此类推。但大学教师资格证不适用于中小学、幼儿园教师的招聘)原件和复印件、普通话水平测试证书原件和复印件(报考语文职位的需要二甲以上证书)。有些地区，对于报考英语学科的还要求提供全国高校英语专业八级证书原件与复印件。另外，还有自己亲笔签名的《报名表》和《资格审查目录表》原件。

上述资料需要核对原件，绝大部分只提交复印件即可。另外，特别需要报考人员注意的是，到自己工作、学习的单位开具的证明材料会有使用时限，一般不超过一个月。

7. 准备笔试

各地招聘考试一般分为笔试与面试。

那么笔试应该怎么准备？很多考生认为只要在大学期间储备的教育学、教育心理学知识就可以应付了。实际上,这是很粗糙的准备。现在的考试,越来越重视专业学科知识。因此,未雨绸缪,报考人员平时需要多注重学习、积累、掌握和实践,并多做专业学科和教育管理方面的知识储备。

8. 面试准备

面试有多种形式：试教、说课、无领导小组讨论、结构化面试等,都属于面试的形式。

(1) 关于试教或说课

近年来,各地教育部门非常重视教师尤其是青年教师基本功的培育,因此,试教或者说课成为了教师招聘工作中考查报考人员教育教学素养的一个重要的面试形式。报考人员应该根据平时学习和工作中积累实践经验和评课标准准备自己的试教或说课。

(2) 关于无领导小组讨论

无领导小组讨论,其形式来自于企业人力资源招聘方式,是一种考查报考人员在阅读、理解、综合分析、表达、逻辑推理、总结归纳、协调组织等综合能力的一种面试形式,一般有10名左右的应聘者一起围圈进行小组讨论的面试。

(3) 关于结构化面试

教师招聘的结构化面试是报考人员现场根据考官提出的一个或数个围绕岗位职责提出的问题,经过一定时间准备并按要求回答问题的一种面试形式,与无领导小组讨论不同的是,结构化面试采取的是一对多的方式,即一名应聘者面对多位考官的考核。

(4) 关于考试中特别注意的几点

第一,报考人员在各考试环节前,均应自己亲自提前到现场了解并熟悉考试场地(准考证上标注的地理位置)、考量各种公共交通工具便捷程度、本人的身份证和准考证原件、同时备好必备的考试物品等,考试当天预估好天气、交通状况提前出门,提前40分钟甚至1小时到达并用身份证及准考证原件报到;尽量不自行驾车,以免出现不可抗拒的情况耽误自己准时进入考场;上交所有电子产品给考场工作人员保管;考后到指定场室领取自己的面试成绩和之前上交的电子产品。

第二,每个考试环节完成后,报考人员应该及时登录"全国事业单位招聘网"的相关链接,了解本职位整个考试情况和自己能否进入下一轮考试,如能进入,务必了解下一环节本职位考试的具体时间、地点,以免错过考试。

第三,成绩计算。教师招聘的特点就是重视教育教学的实践能力,因此,从选拔有潜质的合格教师出发,考试总成绩一般按照笔试成绩占比30%,面试成绩占比70%来计算总成绩(以招聘公告为准)。因此,面试是报考人员务必重视和聚焦主要精力应试的环节。当然,笔试如果成绩过低,也会在很大程度上影响到总成绩的排位,这也说明充分备考的意义了。

9. 准备体检

根据"全国事业单位招聘网"公布的总成绩结果和体检要求参加体检;体检前不熬夜、有足够的休息时间;适量地运动;少吃或不吃煎炸的食品;一般体检前一天晚上8点(视体检单位的具体时间要求定)前后不吃喝,保证体检前空腹等。

提前出门,提前到达集中地点,服从现场管理人员和医务人员的指挥,表现出一名准教师应有的职业素质。

体检不合格怎么办?有考生会有体检不合格的情况,应该及时与组织招聘单位的同志取得联系,并可在组织单位要求的时间内,向组织单位提交体检复查的书面申请。

10. 准备考察

(1)考察流程

按时领取考察通知;到相关部门开具计生证明;按照考察通知要求准备其

他必须的考察资料;根据要求按时缴交考察材料。

（2）考察材料

一般包括：计生证明(应届生到自己所属学校计生部门开出的即可,社会人员到户籍所在地的街道或村委会计生部门开出)、政审材料(就是学院或者学校开出的现实情况证明,包括大学就读期间在品德、行为、学业情况、综合成绩等方面的表现,以及在重大政治问题上的表现等)。

（3）特别注意的事项

第一,很多招聘考试都放在寒暑假前,因此,需要考生提前一个月左右到学校的教务部门开具考察材料,否则,学校放假后很难找到老师开具证明材料。

第二,考生应注意自己了解开具材料需要怎么写,否则写出来的材料不符合用人单位的要求,可能会造成不必要的麻烦。

第三,考生需要知道组织招聘单位是否可以接受快递上门服务,一般通过快递可以减少很多麻烦。

第四,开具的证明材料一般有使用时限,一般不超过一个月。超出时间的话需要考生重新开具。

11. 结果公示和签订协议并录用

从结果公示到结束,一般需要7个工作日,之后就需要拟录用人员等候组织招聘单位的联系信息,配合用人单位做好签订协议和录用工作。

期间,拟聘用人员应该要特别注意保持手机号码和信息沟通平台的顺畅,特别注意应聘期间不随意更换手机号码,以保证所有招聘信息本人能够及时收到。另外,出于对招聘工作严肃性、构建信用社会和招聘资源珍贵性考虑,目前不少地区出台相关规定,拟聘人员被录用后需要作出保证按时报到、按要求履行满最低服务年限职责的承诺。违背承诺可能会进入该招聘单位的黑名单。这是所有报考人员需要了解和知悉的。

第二节　如何成为一名正式教师

全国各地招聘教师的途径很多,但主流途径是参加教师招聘考试。取得相应的教师资格证和普通话等级证以后,你就具备了成为教师的资质和参加教师招聘考试的资格,也有一些招聘公告规定,应届毕业生只要作出书面承诺一年内取得相应的教师资格证和普通话等级证书,就可以参加教师招聘考试。很多考生优先选择编制内教师招聘考试,考取后工资福利与当地编制教师一样,但由于国家严格控制教师编制数,各地招聘编制教师的数量有限,一些人口快速增长的地方政府为了解决教师数量不足问题,就通过招聘编制外教师的方式来解决,考取后福利待遇由各地方政府确定,很多地方编制外教师的工资待遇也还可以。各地民办学校也会面向毕业生和社会招聘教师,福利待遇由民办学校自主确定。上述招聘信息一般都可以从全国事业单位招聘网有关教师招聘考试公告中获取,也有部分民办学校会在地方政府网站或学校门户网站中发布招聘公告。各地招聘考试的程序有所不同,有的地方比较复杂,如广州黄埔区和南沙区,从报名到录用需要经过十几个环节,有的地方则比较简单,只要参加面试等几个环节,考生依照各地的招聘公告要求参加考试就行。无论你想参加何种招聘考试,都需要做好相关准备工作。

一、做好应聘教师考试的心理准备

(一) 从心理上真正建立起教师职业认同感

现代社会为每一个考生提供了广阔的择业空间,同时也造成一些人选择困难,虽然在参加高考时、普通话测试时或者教师资格考试时都曾考虑过这个问题,但还是有一些考生没有清晰地建立起自己的职业认同感,觉得同学都去考了,我也去考一个证比较放心。在应聘教师岗位前,有必要再次审视自己的职业选择,这样可以少走弯路,毕竟重新择业会面临一系列问题。职业选择要考虑的因素很多,首先是大学所学专业决定了你所能报考的职业岗位。其次要考虑可能性,你就算再喜欢一个职业,倘若没有可能也是空想。再次是自身优势和兴趣爱好,能把兴趣爱好与职业结合在一起的人是幸福的,择业要遵从自己的意愿,听从内心的召唤,选择一份自己真正喜欢的职业将受益无穷。你有必要在应聘考试前再次确认自己内心的真实感受,你是否热爱教师职业?你是否愿意一辈子与孩子们在一起?这既是对自己负责,也是对孩子们负责。职业认同感是做好教师工作的基础,影响着一个人的职业忠诚度、成就感和事业心,同样也会影响你对招聘考试的信心和决心。

(二) 在职业认同的基础上建立教师角色意识

教师是一个复合型角色,担负着传道、授业、解惑的职责任务,教师既是学习的指导者和班集体活动的领导者,又是行为规范的示范者和学生心理的保健者,还是教育科研人员和学生发展的评价者。无论是大学毕业生还是社会人员,都是知识的接受者,教师的角色却是知识的传授者,作为一名应聘考生,应当尽快完成社会角色的转变。在教育思想观念、工作方式、人际关系、生活方式等方面形成教师角色意识,才能真正感受教师的行为方式,理解教师的角色意义。如教师的着装要求得体大方,但有的考生参加考试时着装太过时尚,有些不太符合教师的身份角色。教师的角色意识有助于提高考生的教育表现力,在考试过程中敢于展示自我,更能唤起教育激情,成为教师后也更善于发展自我。教育表现力既反映了教师对教育教学技能的掌握,表现为良好的教师机智,妥善处理好各种教学意外,也体现了教师自我意识的成熟,是教师自尊、自信、自强、自立的集中体现。

(三) 努力提高自身心理承受力

每一位考生都要面对成百上千名考生的竞争,除非你特别优秀,一次考试就成功,大部分考生都要经历多次考试才能成功。一旦你决心做一名教师,就要努力去争取,切不可一遇到挫折就放弃,我们身边考了几次、十几次的教师不在少数,有一位临聘教师,先后经历了五十五次教师招聘考试,最后成功考上黄埔区小学教师。作为一名即将走上讲坛的教师,必须清醒地认识到,教师要协调好学校、社会、家庭和学生多方面的关系,由于教育环境、学生状况、领导素质、社会舆论、自身发展等方面的原因,教师随时都要有承受挫折的心理准备,即使在挫折状态下,也能采取正确的方式应付,迅速摆脱挫折心理的消极影响,并从挫折中学会坚强和奋进。学生成长是在教师不断教育下逐步改正错误的过程,绝非老师一两次教育就能够成功,你必然会面对孩子在教育过程中出现的反复,学生是在教师一次次的教育过程中逐步成长起来的,教师应当具备强大的心理承受力。

二、做好应聘考试的教育理论知识准备

(一) 教师职业知识储备

很多考生是非师范专业的,既没有系统的教育理论学习,也没有专门的教育教学训练,在知识结构上是有欠缺的,必须要补上。教师招聘考试没有指定的教材,但是教师应当掌握的知识是确定的,主要包括教育理论和心理学理论

基础知识。教育理论包括教育学、中国教育史、世界教育史、中外教育家、课程设计和新课程改革、班主任工作和班级管理、教育教学评价、教育政策法规等内容。了解教育的基本概念、属性、功能和历史,掌握教育与人的发展的关系、教育与社会发展的关系、教育目的、教育制度、课程与课程设计、课程实施与评价等多学科知识。心理学理论包括普通心理学、儿童发展心理学、学校教育心理学、学校管理心理学、中国心理学史、西方心理学史、心理测量学等。准确把握儿童心理发展的一般规律,了解西方几个心理学派的基本观点和代表人物,如行为主义心理学、认知心理学、精神分析心理学、建构主义心理学、人本主义心理学等。

(二) 教师学科专业知识储备

教师学科专业知识是指招聘时拟任学科的专业理论知识,学科专业知识是根据你报考的科目来定的,每一个科目都有对应的学科专业知识,不同学段也不一样。如你报考的是高中物理教师,那么你的学科专业就是高中物理。一般与大学所学专业知识一致,但有些比较宽泛的大学专业也可能与报考学科专业不太一致,但也差不了多少。从内容来看,笔试环节以学科专业知识为主,试教环节也主要是学科专业知识和能力的展示。掌握好学科专业知识是决胜教师招聘考试的关键所在,考生要高度重视学科专业知识的复习与巩固。这是你一直在学习的专业,复习起来也应该没有什么难度,但你只有比别人更努力,才可能在招聘考试中成为赢家。

(三) 主要题型和应答技巧

一是选择题和填空题,选择题既有单选题,也有多选题,这两类题型一般都凭记忆,但有时也可用到比较法和排除法。二是判断题和辨析题,这两类题都要作出判定是否正确,辨析题还要给出判断的依据,这两类题型要靠记忆和分析。三是简答题,要求简要列出观点、具体步骤或说明原因即可。四是材料分析题，这类题型具有很强的理论性，考查考生综合运用所学知识分析和处理某一特定案例的能力。作答时要注意审题，从材料中抓住关键，确定知识点，理清思路再作答，回答要简明直接，列出教育理论观点，结合材料案例进行分析和阐述，可采用总分总的答题方式，体现逻辑层次性。五是论述题和写作题，多为材料型作文，涉及教育理论和教育实践。主要考查考生的阅读理解能力、理论功底和分析处理问题的能力水平，要按照文体、字数、体裁等要求来写，合理安排文章结构，组织提炼观点，最好还能引经据典，字迹整齐优美。

三、做好成为教师的教育教学实践准备

（一）提高教师综合能力

教师要求有较强的组织管理能力、口头表达能力和协调人际关系能力等。一些教师招聘考试有无领导小组讨论的环节，所谓无领导小组讨论指由一组应试者组成一个临时工作小组，讨论给定的问题，并做出决策。这个小组是临时拼凑的，一般随机抽签决定考生组别，每组大约八至十人，最多不超过十二人，对同一问题进行一小时的讨论，每人都有一定的发言时间，大家地位平等，不指定谁是负责人，目的就在于考察应试者的表现，不一定要成为领导者，因为领导者需要清晰的思路和卓越的表达能力。考官会综合考查考生的组织协调能力、处理人际关系的技巧、口头表达能力、辩论能力和说服能力，以及非言语沟通能力如面部表情、身体姿势、语调、语速和手势等，还有自信心、进取心、责任心、情绪稳定性、反应灵活性等因素。

（二）通过训练提高自身教学水平

把教育理论知识转化为实践活动，把知识技能顺利传授给孩子不是一件容易的事，不是我懂了就能当老师。能用通俗易懂的方式让学生懂了，让学生善思能说会做，才能让考官觉得你就是一位合格乃至优秀的老师。招聘考试一般

采用试教方式让考生展示课堂教学活动,也就是模拟上课,现场一般没有学生,考官根据你的表现给分。作为一名考生,应在做好充分准备,一是可以多看看著名教育家的上课视频,这些都可以在网上找到,通过直观的方式学习模仿名师的课堂教学行为。二是要加强实践环节的训练,可以自己试讲,边试讲边录下来,然后再自己观看,发现自己不足的地方加以改进。三是可以到学校实习或见习,看看其他老师是怎么上课的,也可以自己去上课,然后请有经验的老师给你提出意见和建议。试教的课目无法预先知道,但一般拿到试教课目后都会给你一定的时间备考。

(三)掌握一节好课的基本标准

考官将会根据你的表现给分,无论什么课目,我们都应把握一节好课的基本标准:一是教学目的明确具体,可操作性强。二是教学内容正确,不能有任何差错。三是教学方法运用恰当,能够解决问题。四是课堂组织得当,教学过程张弛有度,节奏感强,课程结构完整。五是师生积极性高,教师上课有激情。六是教学效果显著。当然,由于考场没有学生,互动环节都是虚拟的。考生尤其是美、音、体、计算机、幼师和教练员等技术性较强的考生还需要注意一点,因为教学器材种类太多,招聘方无法预知每个考生所需器材种类,一般不提供相关器材,但除了招聘公告有特别说明外,一般不反对考生自带器材,考生在参加试教和面试时可以根据自己学科特点,自带一些器材,以便在展示才艺时能够发挥你的特长。

四、做好教师职业素养准备

一旦应聘成功,学校把几十个学生交给你,国家所托,家长期待,重任在肩,不容有失。所以要提早做好教师职业基本素养准备,才能胜任教师的工作。

(一) 较高的职业道德修养

世界上有两种直接面对人的职业,一种是健康所系性命所托的医护人员,一种是人类灵魂工程师的教师,这两种职业都特别强调职业道德,因为这两种职业面对的都是特殊的人,一个是病人,一个是孩子。"其身正,不令而从,其身不正,虽令不从。"教师的道德水准直接影响到孩子的成长。教师代表党和国家意志,为国家培养孩子,教师必须要忠诚党和人民的教育事业,国家有统一的育人要求,那就是立德树人,教师必须具有高尚的道德修养,遵循党的教育方针和政策,模范地遵守教师职业道德标准,热爱学生,为人师表。

(二) 较强的教育教学能力

首先是良好的语言表达能力,个别考生没有认识到语言对教师的重要性,临到招聘考试材料审核,才发现自己还没有拿到相应的普通话等级证书。语言表达是教师必备的能力,要求条理清晰,准确精炼,生动活泼。其次是较高的创新能力。培养创新人才需要创新型教师,创新型教师具备扎实的基础知识、广博的视野及综合开拓能力和创新方法,具有勇于探索、敢于怀疑的科学精神,善于吸收最新教育科研成果。如果考生能够在试教过程中有创新性教学方式方法,将能吸引考官的眼球。再次是较强的组织能力。组织能力是一个教师教育教学成功的保证。教师上课需要吸引学生的注意力,调节课堂节奏及气氛,引导学生的思维,维护课堂教学秩序及处理偶发事件等,需要具备开展课外活动、兴趣小组、参观考察和社会实践等组织能力,以及组织讲座、讲演、展览、表演、制作、考察、竞赛、撰写报告和论文等能力。

(三) 良好的文化素质

一是教师应精通学科专业,具有扎实而渊博的专业知识。苏霍母林斯基指出:"只有教师的知识面比学校教学大纲宽广得多,他才能成为教学过程的精工巧匠。"老师不仅要熟悉教材知识体系,还要跟踪学科动态,不断更新知识,站在学科前沿。二是教师要通晓基本的社会学科和自然学科知识,随着教材改革,相邻学科联系日益加强,文理相互渗透,教师应形成"大教学观",培养学生的创新意识和能力。三是教师应具有教育科学理论修养。苏霍姆林斯基说:"教师不懂心理学,这就如同一个心脏专业医生不了解心脏的构造。"科学的教学需要科学理论的指导,教师不仅要掌握教育学、心理学和学科教学法等基本知识,还需要具备一定的教研能力。教师不仅要知道教什么,还要知道怎样教和为什么这样教,把教学与教研科研结合起来,用科学的理论去指导自己的教学,成为教书育人的复合型人才。

(四) 强健的身心素质

教师面对的是未成年人,学校人员高度密集,国家对教师的身体和心理健康还是有一定的要求,对于那些患有如心脏病等严重疾病、肝炎等传染性疾病和精神类疾病的考生,建议先治好病再参加招聘考试,以免在体检环节通不过。虽说教师工作是脑力劳动,但对身体素质要求也是很高的。教师不仅要一节课45分钟站着板书,嘴里不停地传输知识,大脑同时运转,而且可能一天都要重复相同的姿势、问题,所以健康的身体至关重要。教师要努力提高自己的心灵感悟力,能透过学生的外显行为和语言,准确地理解学生的真实感受和行为动机,并及时给予帮助和鼓励。教师情绪控制力是一个极为重要的教育手段,它既能给学生心灵带来慰藉,也会给学生心灵带来伤害,所以教师还需要提高自身的情绪控制力,以积极的情绪状态投入到教育活动中。

还有一些途径也能够成为教师,这需要考生收集相关信息。如国家鼓励大学毕业生成为特岗教师或支教教师。特岗教师是国家实施的一项对中西部地区农村义务教育的特殊政策,公开招聘高校毕业生到中西部地区"两基"攻坚县农村义务教育学校任教,逐步解决农村学校师资总量不足和结构不合理问题,提高农村教师队伍的整体素质,促进城乡教育均衡发展。特岗教师服务期满后可以继续在当地留任,编制有保证,享受当地教师同等待遇。也可以异地留转或应聘到城镇学校,同等条件下城镇学校应优先录用这些有经验的特岗教师。还可以重新择业,地方政府应为特岗教师重新择业提供便利。成为三支一扶的支教教师也是一条途径,三支一扶指大学毕业生到农村从事支农、支教、支医和扶贫工作。2006年,国家人事部印发了《关于组织开展高校毕业生到农村基层从事支教、支农、支医和扶贫工作的通知》,为高校毕业生到农村支教提供具体的指导和保障。三支一扶的支教教师没有编制,服务期间由中央财政给予生活补助,服务期满后享受相应的政策福利待遇,各省市有所不同,服务期计算工龄,大学生支教期满后多数自主重新择业。如果你想到中西部农村地区从教,可以留意国家相关信息。

第三节 现实案例分析

案例一：求职之路敢拼才会赢

如果说大学校园内的招聘是保护大学生走进社会工作激烈竞争前的一道屏障，那么毕业生参加各市区教育局的事业单位招聘便是社会拥抱你的第一场狂风暴雨。在这场风暴中，我拼搏了一个多月，最终得到了广州市第二中学南沙天元学校的录取通知书，顺利成为一名初中地理教师。回首过往，深有感触。

我是一名在普通本科院校读地理科学（师范）专业的 2019 届毕业生。因为大四上学期都在教育实习和撰写毕业论文，虽然我的教师招聘考试的准备从 2019 年年初就开始了，但因为忙着给自己主持的国家级大学生创新创业项目完成结项答辩、毕业论文答辩、高三地理的家教、考驾驶证等事情耽搁，所以真正投身到事业单位招聘考试的报名报考已是 6 月末。对于我来说，那一个多月的教师招聘风暴，真的是敢拼才会赢。

何为敢拼？并不是靠蛮力的拼，而是拼准备、拼计划、拼心态。

拼准备的阶段，对教师招聘形式的了解、对考试内容的准备、对报考资料的准备。现在教师招聘大部分要求师范生专业对口，也必须取得相应的教师资格证，这个可以通过意向就业地区往年的教师招聘公告要求进行了解，要关注公告的报考形式、内容和条件。教师资格证是进入教师行业的资格前提，有教师资格证的人可以进入辅导机构或民办学校上班。但是公办学校教师招聘不一样，这是能真正进入区域教育系统教师队伍一员的考试，竞争会很大，在珠三角城市的竞争岗位的人员比例是以一比百，所以你就得明确考试内容和资格条件，及早做好准备。

考试通常分为笔试和面试，即使笔试达到了很高的分数，面试不顺利，折算下来的成绩也不会高。就如同高考一样，每个高校都会有一定的招生人数，优胜劣汰。如果准备时间充足的话，可以自学进行准备。如果复习时间不够或者意志力不坚定，可以报个针对教师招聘的培训班学习。虽然说培训老师上课讲课很精彩这很重要，但是自己的基础和付出更重要，成功的根本因素取决于自身，真的不能觉得自己报了班就能百分之百上岸。笔试复习可以买多几套本地或者是其他地区的历年真题来刷一下，这样可以提高自己笔试的能力。教育学、心理学等教育综合基础知识需要我们牢记会背会写，我考了五场笔试，发现真的很注重考查基础知识和教师处理班级事务的能力，所以备考要趁早。目前很多教师招聘，都偏向于应届毕业生，抓住应届毕业生的优势，会省掉以后很多的奔波。

对于面试，如果真的没经验的话，报培训班是最佳途径。对于还没有毕业的同学，可以在学校多进行试讲，多参加一些教师技能的比赛。我在大学参加的教师技能比赛比较多，在院级、校级、省级均有获奖，同时在教育实习时也积累了一定的教学经验，所以在面试时面对考官，以及站上讲台面对学生都不会过于紧张。还要留意简历的制作核心是内容，优异的学习成绩、突出的特长才华、丰富的实践经历、学生工作经历等是我的核心竞争力和不可替代性的体现，也是我获得面试方青睐最关键的法宝。所以，大学期间务必用不同的形式锻炼自己，证明自己，这些经历和荣誉是你迈上新台阶的垫脚石。

拼计划的阶段，要明确自己的就业方向和定位，做好复习备战的计划，做好应聘地区和求职长远的计划。因为我在广州南沙土生土长，加上父母希望自己工作的地方不要离家太远,所以我报名的所有考试区域都在广州,其中报考了增城、白云、黄埔、南沙、天河和花都等区,应聘的岗位有小学科学和中学地理,但有一些考试由于时间冲突并没有去参加。做好计划其实就是为了使自己的行动有更明确的目标,如果在面对招聘机会时犹豫不决,那么你可能会错失很多机会。而且我毕业论文的研究对象就是南沙区,更清楚南沙的发展状况,知道目前南沙区的建设需要有更多的人才注入,而我身为南沙的一份子更理应在此贡献自己的一份绵薄之力,所以我也会更关注南沙的教师招聘。另外,还要事先关注好自己想考区域的教师招聘公众号和平台,争取报名机会。有时计划赶不上变化的时候,心态就很重要。

拼心态的阶段,时刻保持自信,从容淡定,不气馁,不骄不躁。广州公办中小学教师招聘竞争很大,如果统考成绩不尽理想,也不要灰心,每个学校的理念风格是不一样的,所以就算面试被刷了,也要继续自信!而且你和学校是互相选择的,只有双向的选择才有意义。所以如果被否定,那就认认真真总结自己存在的问题,争取这是最后一次犯错;然后,又昂首走向下一个目标吧!我在南沙参加了两场面试,两场都排名第一并成功收到录取通知,这两场分别是在华南师范大学附属南沙中学和广州市第二中学南沙天元学校。说实话当时已经是7月末,很快就要开学,能考试的机会不多,前几次的考试都屡屡碰壁,所以考这两场心态是非常焦虑和紧张的。但是心态在试讲的一刹那一定要从容淡定,说课过程一定要逻辑清晰,语调语速适中,板书规范字迹工整,控制好自己的授课时间,还有就是要提前准备一些面试官可能会提出的问题,结合自己对学科对教学对学生的理解进行阐述。

人生的经历真的很重要,备考失败的经历,让我感受到只有加倍努力,你才会更加优秀。大学里丰富的实践经历、学生工作经历等都是我的核心竞争力,参加省赛的经历也让我变得更加自信,充足的准备也能让我在众多的应聘者中脱颖而出。敢拼才会赢!早作准备,积累经验,沉淀自己,虽说不是所有出发都是在万事俱备以后,但是一边经历一边长大,也挺好,因为总有一天会绽放属于自己的灿烂。

（案例提供：广州市第二中学南沙天元学校　邱丽金）

案例启示　在入职公办中小学竞争日趋激烈的今天，能拿到两间学校的录取通知，邱老师是"努力的幸运儿"。从邱老师的自述中可以看到，所谓幸运的背后是充分的准备和良好的心态。充分的准备最起码是以下四个方面：

一是自身条件的充分准备。邱老师之所以能从激烈的招聘中脱颖而出，首先是在大学学习阶段给了自己充分的磨练，参与国家级大学生创新创业项目、大学期间参加教师技能比赛等都让自己面对招聘面试时十分从容。因此有志于成为教师的大学在读生要多参加社会实践，尤其是能促进自己语言表达、团队构建、沟通技巧等的项目；

二是招聘前材料的充分准备。参加招聘时第一关是资格关，第二关是简历关。当资格具备时，简历往往是应聘者给招聘单位的第一印象，在简历中以最简洁的方式突出自己就读期间优异的学习成绩、突出的特长才华、丰富的实践经历等尤为重要，但简历切忌过于花哨、对事实进行夸大；

三是对招聘程序的充分了解。不同的招聘形式招聘程序会存在差异，目前教师招聘中除了必须对笔试、试讲或说课做好充分准备外，还要留意近年来不少招聘过程中会有的无领导小组讨论形式，这是招聘过程中展现个人素养的关键一环。面对无领导小组讨论，应聘者需要根据自身的条件给自己在讨论中有明确的角色定位，不一定是组织者或最后总结者才会给招聘单位留下更好更深的印象。在讨论过程中首先要做好的是尽快梳理自己的观点和思路，在发言中观点明确，逻辑严密，表达清晰。其次是在讨论过程中保持温和有礼的态度，不争不抢，不咄咄逼人，不强出风头；

四是心态的充分准备。目前公办中小学教师职位的竞争非常激烈，尤其是经济发达区。因此在求职过程中必须给自己充分的心理预期和心理准备，才能在面对笔试、面试过程中稳定发挥，才能在面对失败时冷静反思，及时调整，不断地提升自己的应聘能力，让自己有机会脱颖而出，顺利入职。

案例二：用心付出，收获未来

2012年至2018年期间，我在华南师范大学完成了本科和硕士的学习，在研究生二年级的时候，我成功通过了"华南师范大学拔尖研究生国外联合培养项目"的考核，获得学校公费资助，赴美国威斯康星大学-麦迪逊分校教育学院访学半年。很多时候，人生总会面临很多选择、得失，短短的半年丰富了我的阅历，但也因此错过了教师招聘的高峰期。2018年3月中旬，我回到广州，继续全身心投入毕业论文的撰写与答辩。完成答辩已经5月中旬，我才开始努力地找工作。

5月份，很多地方的教师招聘已经完成，符合我的就业需求的招聘少之又少。到了6月，我通过了顺德区一间民办初中学校的面试，但由于内心始终想留在广州，更渴望任教高中，最终我放弃了入职机会，选择暂缓就业。2018年9月1日，研究生导师推荐我到南沙一所中学代课。这是一所新的完全中学，考虑学校平台好，地理老师紧缺，有机会任教高中。机缘巧合之下，我回到了家乡工作，也由此开启了教师职业生涯。

在入职的第一学期，我一个人负责整个初中的地理教学，一共8个教学班。作为新教师，我很感恩第一批学生，他们给予我成长的机会。我常担忧因为自身缺乏经验，耽误学生的地理学习，使学生在刚接触地理的时候没能打好基础。教师的责任感和使命感让我渴望能够快速成长。工作日我会住在学校，每天晚上在办公室备课和改作业。每一节课上课之前认真分析课标和教材，尽量到"一师一优课"平台听至少一节部级优课，再结合自己的理解整理整节课的逻辑思路。通过学校的师徒结对活动，我非常幸运能够跟着何冰校长学习。师傅会耐心地解答我在教学上的疑惑，给了我很多指导。另外，我会抓住每一次锻炼自己的机会，并尽自己最大的能力完成每一项活动。一年多的时间，我参加了学校青年教师比武大赛、学校的讲题比赛、区深度教学设计比赛、市青年教师教学技能大赛等各类教学比赛。通过教学比赛不仅提升自己的教学能力，丰富自己的任职履历，同时也让自己在由代课转为临聘、临聘转为编外聘用教师、最后成功应聘编制教师的过程中，从容面对每次面试。

第二学期，我很顺利地通过了学校的考核，从代课教师转为临聘教师。第三学期，我转为编外聘用制教师后，随着学校高中年级增加，我如愿以偿地开始了高中教学。同时面临第一次教高中、第一次当班主任、跨学段教学，让我压力倍增，但我努力适应新角色，积极向前辈请教。同时在繁重的教育教学任务之外，我也会抽时间复习教育综合笔试内容，准备有机会时报考公办中小学编制教师。

2019年10月，学校出公告招聘地理编制教师，并且暂缓生可以报名。暂缓就业只有两年的时间，若两年内考不上编制，我会成为没有职称的社会人员，近几年内基本不可能报考编制教师的招聘考试。所以，学校的招聘对我来说非常重要。但南沙区教育局规定，报考编制教师考试，必须没有任何社会劳动关系，所以我在报考前不得不辞去编外聘用一职，这意味着如果考不上，我会面临着失业。在激烈的应聘竞争中，依靠自己一年多努力的学习和自我提升，在经历无领导校长讨论面试、讲题、教育综合笔试后，我最终以总分第二名通过考试，正式成为一名公办中学教师。

这一年多，面对越来越繁重的教学工作，我没有抱怨，而是鼓励自己踏踏实实地完成，并不断锻炼自己。考上编制后，我更加珍惜现在的工作机会。未来的职业生涯还很长，仍需要继续保持工作热情，努力提升自身的专业素养，不断积累经验，尽快成长起来。

（案例提供：华南师范大学附属南沙中学　高婉仪）

案例启示　大学毕业后由于各种原因无法如愿进入公办中小学任教，目前这种现象对于师范生来说日渐平常，高老师通过自己一年多的努力最终如愿，是一位"坚持的胜利者"。高老师的经历对有志于进入公办中小学任教的教师有很好的借鉴，主要有以下三点：

一是要抓住招聘的机遇。高老师的求职经历之所以曲折，与错过毕业季招聘高峰有关。对于即将毕业的师范生来说,如果就业的选择是倾向于进入中小学任教,就必须要提早收集招聘信息,并做好充分准备。基于目前日益发达的网络环境,各区域的教师招聘公告均会在各大人事平台进行发布,对于应聘者而言,获取招聘信息是较为便捷的,主要要关注自己预期就业区域的教育部门官方网站、微信公众号;关注自己预期就业区域的政府人事管理网站;关注较为权威,且信息量大的招聘平台,如全国事业单位招聘网等;关注学校就业部门通知。

二是对自己的未来有明确的规划并为之努力。高老师对自己未来有规划、有期待,虽然这种期待让自己放弃了曾经得到的机会,但也因自己的期待成为自己不断努力的源泉,最终成功。但值得思考的是,对自己的规划在面对现实时,是否需要做一定的调整,再通过后续的努力去达成。如很多师范生在毕业时会面临与高老师一样的状况,无法找到公办教师职位,是否能先在民办学校任教。只有站上讲台才能不断地提升自己的教学能力,才能在后续的招聘中更有优势。

三是保持积极向上的心态。就如高老师一样,无论是任职代课、临聘还是编外教师,始终怀抱一颗对教育的初心,踏实、认真做好工作,努力提升,积极准备,相信机会总会属于有准备的人。

第三章 入职教师

每一位教师都要经历新入职时期,教师新入职时具有其相应的特征,要适应从学生到教师角色的转换,要面对教学工作中的压力,要处理复杂的人际关系,总之,在新入职教师成长过程中,往往会碰到许多问题,比其他教师存在更多的困惑。我们通过归纳、分析新入职教师的基本特征,整理、概括新入职教师的成长过程,收集不同学段的新入职教师的案例并进行分析,以帮助新入职教师尽快地转变身份角色、适应教师职业生活、胜任教师岗位要求、实现教师专业成长。

第一节　新入职教师的基本特征

新教师(Beginning Teacher，New Teacher)也称"初任教师"、"新手教师"或"新任教师"。① 根据美国学者麦克唐纳(McDonald)的观点,新教师是指"已完成了所有的职前训练课程,包括实习阶段的教学实践的专业教师;他已被授予临时证书,并受雇于某个学区。② 詹文燕将新教师定义为经过国民教育体系系统教育、获得教师资格证,开始从事教师工作的、工作年限在5年内的教师。③ 新入职教师的基本特征包括多方面,主要表现在职业认同、自我调适、人际关系、工作状况、环境适应等。新教师有入职适应特点、职业特征、人格特征、心理特征等。

一、新教师入职适应特点

新教师都关注自己能否适应在学校这个新环境中工作,希望得到上级、同事、学生和家长的接纳与认可,在教学过程中都会遇到各种各样的问题,如教学方式、教学质量、课堂纪律、班级管理等问题。为了能够系统地了解新教师入职

---

① 顾明远.教育大辞典[M].上海：上海教育出版社,1998.
② [瑞典] 胡森.国际教育百科全书(第五卷)[M].贵阳：贵州教育出版社,1990：91.
③ 詹文燕.幼儿园新入职教师职业适应调查研究[D].天津：天津师范大学硕士论文,2010：14.

适应特点，我们选取了不同区域入职三至五年的教师，从基本情况、职业适应、职业技能、心理适应、人际关系、学校环境等几个方面进行《新教师职业适应情况调查问卷》抽样调查。主要面向广州市、汕头市、阳江市等不同城市的近2 000名新入职教师进行了问卷调查。

参加本次问卷调查，其中女教师1 691人，占总人数的86.5%，男教师264人，占总人数的13.5%；来自广州市的新教师1 730人，占总人数的88.49%，汕头市的新教师126人，占总人数的6.45%，阳江市的新教师61人，占总人数的3.12%，其他市的新教师38人，占总人数的1.4%；本科学历1 610人，占总人数的82.4%，研究生118人，大专200人，大专以下27人，分别占总人数的6%、10.2%、1.4%；在小学任职有1 669人，占总人数的85.4%，在初中、高中、职中任职分别有192人、44人、50人，分别占总人数的9.8%、2.3%、2.6%；任职公办学校、民办学校和其他学校的新教师分别有1 652人、286人、17人，分别占总人数的84.5%、14.6%、0.9%；属于在编教师的有835人，总人数的42.8%，编外聘用制教师627人，临聘教师493人，分别占总人数的32.1%、25.2%；教龄0—1年、1—2年、2—3年、3—5年的新教师分别有562人、417人、358人、618人；任教学科主要集中为语文、数学、英语，合起来有1 314人，占总人数的67.2%，任教其他学科有534人，占总人数的27.3%；跨年级任教的情况在初中、高中较少，小学稍多，有366人，主要是美术、音乐、体育等术科类；目前担任班主任有983人，占总人数的50.3%。

(一) 调查数据分析

新教师的入职适应特点与其教育背景、职业认同、心理适应、专业技能等个体内在因素以及人际关系、学校环境等外部客观因素密不可分。从问卷调查的统计数据得出，新教师入职适应特点如下：

第一，从职业适应情况看，大部分的新教师是出于对职业的热爱而从事教师职业工作的，非常喜欢或比较喜欢教师这一职业分别有1 043人、770人，共

1 813 人，占总人数的 92.7%；能够完成或基本可以独立备课的新教师共有 1 910 人，占总人数的 97.7%，只有极少数新教师独立备课时有些困难，极个别感觉很困难；对自己的课堂教学效果感觉非常满意有 144 人，比较满意的有 1 307 人，共占总人数的 74.3%，有 498 人(25.5%)感觉比较不满意，有待提高；有 1 055 名(54%)的新教师将"时常主动观摩优秀教师的公开课、视频或书籍，提升自己的教学水平"作为工作的一部分，有 623 人(31.8%)有空就看，273 人(13.9%)也会偶尔看看。对于"是否愿意长期从事教育工作"，有 1 216 人(62.2%)表示很愿意，696 人(35.6%)表示比较愿意，共占总人数的 97.8%。总体上看，新教师的职业适应状况良好。

第二，从技能适应情况看，新教师工作热情高、干劲足，善于使用新设备，根据调查问卷显示，已经非常熟练或比较熟练运用各种教学设备的新教师分别有 321 人、1 529 人，共 1 850 人，占总人数的 94.6%，少部分感觉比较不熟练；同时，新教师容易接受新技术，敢于尝试，能够熟练掌握或经常应用各种信息技术手段辅助课堂教学(见图 3-1)。

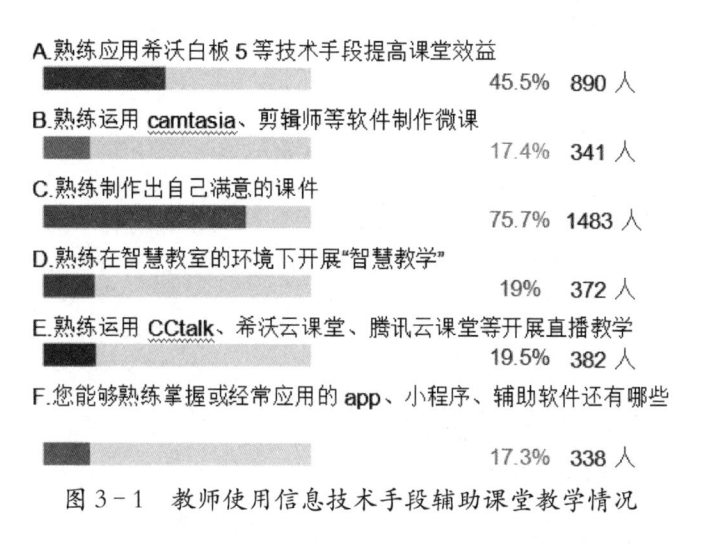

A.熟练应用希沃白板 5 等技术手段提高课堂效益　45.5%　890 人
B.熟练运用 camtasia、剪辑师等软件制作微课　17.4%　341 人
C.熟练制作出自己满意的课件　75.7%　1483 人
D.熟练在智慧教室的环境下开展"智慧教学"　19%　372 人
E.熟练运用 CCtalk、希沃云课堂、腾讯云课堂等开展直播教学　19.5%　382 人
F.您能够熟练掌握或经常应用的 app、小程序、辅助软件还有哪些　17.3%　338 人

图 3-1　教师使用信息技术手段辅助课堂教学情况

另外，大多数新教师思维活跃，反应敏捷，随机应变，在教学中遇到突发情况时，认为完全能处理好或处理得比较好的分别有 201 人、1 444 人，共占总人

数的84.2%,只有310人(15.8%)觉得处理得不够好或处理得不好。但由于新教师教龄较短,课堂教学和班级管理经验尚浅,新教师上课过程中在"教学重难点把握不准确,不能突出重点,击破难点""不能灵活应用教学方法""教学进度把握不准""教学秩序难以维持""难以调动学生的学习兴趣和动机"等方面均有欠缺,班级管理中在"无法恰当解决学生之间的矛盾和突发情况""难以在班级中树立威信""师生关系的'度'把握不好""班级管理工作琐碎,难以面面俱到""组织活动困难"等方面存在不足,需要改善(分别见图3-2、图3-3)。

A.教学重难点把握不准确,不能突出重点,击破难点 24.1% 470人
B.不能灵活应用教学方法 16.8% 328人
C.教学进度把握不准 12.5% 245人
D.教学秩序难以维持 9.7% 189人
E.难以调动学生的学习兴趣和动机 20.1% 393人
F.其他 16.9% 330人

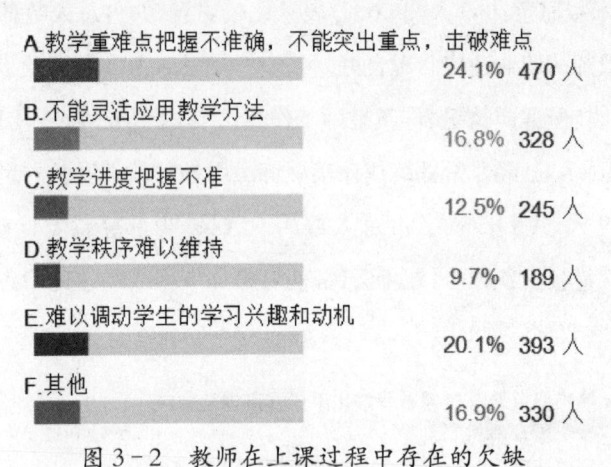

图3-2 教师在上课过程中存在的欠缺

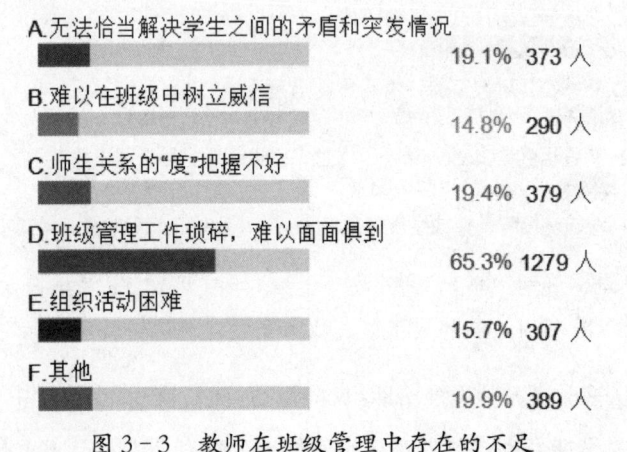

A.无法恰当解决学生之间的矛盾和突发情况 19.1% 373人
B.难以在班级中树立威信 14.8% 290人
C.师生关系的"度"把握不好 19.4% 379人
D.班级管理工作琐碎,难以面面俱到 65.3% 1279人
E.组织活动困难 15.7% 307人
F.其他 19.9% 389人

图3-3 教师在班级管理中存在的不足

第三，从心理适应的情况看，在参与问卷调查的新教师中，在工作中常常感到压力很大，任务很繁重的有1 459人，占总人数的74.6%；工作压力主要来源于"学校任务繁重""难以应对家长""工作与家庭冲突""难以管理学生""知识储备不足""缺乏教育机智"等（见图3-4）。共有1 882名(96.2%)新教师"有自己的工作计划，相信自己一定能够成为一名优秀教师"，只有41人(2.1%)表示不太愿意长期从事教育工作。事实表明，由于教师工作强度和难度较大，加上社会对教师期望和家长对教师要求都较高，给新教师带来一定的心理压力，也是正常的。从上述资料来看，新教师不仅没有在心理上排斥这份职业，反而对这份职业充满信心。

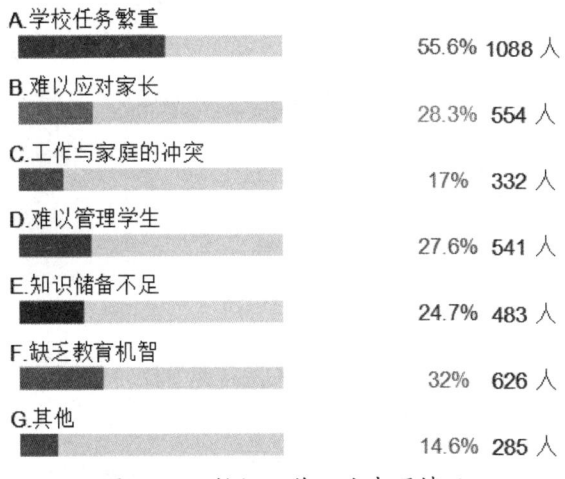

A.学校任务繁重　　　　　　　55.6%　1088人
B.难以应对家长　　　　　　　28.3%　554人
C.工作与家庭的冲突　　　　　17%　　332人
D.难以管理学生　　　　　　　27.6%　541人
E.知识储备不足　　　　　　　24.7%　483人
F.缺乏教育机智　　　　　　　32%　　626人
G.其他　　　　　　　　　　　14.6%　285人

图3-4　教师工作压力来源情况

第四，从环境适应的情况看，大部分新教师对学校提供的硬件条件和办公环境比较满意，对学校的作息很适应、适应或比较适应的分别有447人、913人、513人，共有1 873人，占总人数的95.8%。在调查中发现，"对现在的工资水平是否满意"的情况如下：认为很满意有73人(3.7%)，认为基本满意有862人(44.1%)，觉得不太满意的有817人(41.8%)，表示很不满意的有203人(10.4%)。出现这些情况，跟新教师工龄短、职称低有关系，也跟新教师所在学校体制以及身份类型有关，公办学校与民办学校有明显区别，在编教师与编外聘用教师、临聘教师也有很大的不同。

第五,从人际关系适应的情况看,新教师从大学校园走进一线中小学,从学生转换为教师,适应学校的人际关系会因人而异,调查问卷结果显示,有831人(42.5%)认为能够适应学校的人际关系,且适应速度较快,1 077人(55.1%)认为可以适应,但需要一定时间;有1 909名新教师感觉所在学校教师之间的关系融洽,占总人数的97.6%。新教师年轻,容易与学生沟通,因此,与学生的交流和相处中,感觉十分融洽的有844人,占总人数的43.1%,比较融洽的有1 104人,占总人数的56.5%;同时,有714人表示可以较快与学生家长建立良好关系,有1 218人认为可以,但需要一定时间。另外,新教师的家长、朋友对教师这份工作表示非常支持、比较支持分别有1 269人、671人,共1 940人,占总人数的99.2%,职业认同感较高。从上述数据反映出,新教师的人际关系适应情况良好。

(二) 问题与建议

1. 新入职教师职业适应过程中显现的问题

(1) 关于入职支持问题

首先,从教师的工资待遇方面看。工资待遇可能不是选择教师职业的主要因素,但却是教师尤其是新教师离开这一职业的重要原因,一旦付出与回报长期失衡时,容易导致新教师产生离职的想法。所以,在精神上给予鼓励的同时,对新教师在工资待遇上也应有相应体现,特别是民办学校和临聘教师,这样才能保障新教师的稳定性,增强他们工作的信心和动力。

其次,从入职培训方面看,岗前培训、师徒结对等方式对新教师还是较有帮助的,但实际中岗前培训理论性过强,脱离教学实践,若能在课程设置方面加强情境性、实操性的内容,培训的实效性会更好;另外,存在师徒结对流于形式,形同虚设,未能发挥应有的作用,达到应有的效果。

(2) 关于学校环境问题

校园环境、人际关系是影响新入职教师职业认同的重要因素。调查结果显示,参与问卷调查的大部分新教师感觉学校人际关系融洽。良好的办公环境、团结上进的工作氛围,会有利于新教师职业认同并积极投入工作中去。在工作过程中,新教师要与领导、同事、学生以及学生家长接触,和谐的人际关系,同样有助于新教师适应教育教学工作。

(3) 关于自我调适问题

新教师除了完成常规教学工作外,有一半的新教师还需要担任班主任,或兼任其他工作。大部分新教师一开始都较难适应繁杂紧张的工作节奏,繁重的工作量容易引发新教师身体上的疲惫、心理上的压抑。因此,无论是教师的专业发展,还是教师个体的身心健康,都应该成为我们关注的问题。在工作中遇到困难时,可以主动寻求帮助;在工作中产生消极情绪时,可以找人倾诉;在工作过程中感到有压力时,可以主动找领导给予支持与指导。

2. 促进入职教师发展的建议

针对新入职教师职业适应过程中显现的问题,有以下几点建议:加强新教师入职支持保障;加强新教师入职培训内容的针对性;切实发挥师徒"传帮带"作用;创建和谐的校园环境氛围。

二、新入职教师的职业特征

(一) 专业情意

陶西平先生提出:"教师的专业情意是教师对教育事业的情感态度与价值观的融合,是教师职业道德的集中体现,也是教师专业持续发展的根本动力。"[1]大多数新入职教师在师范院校接受职前教育培养过程中,对教师这份职业有了充分的认识,教育实习成为了教师职业生涯的开端,初步体验到成为学生喜爱的教师的成功与喜悦,进一步增加了对这份职业的好感,并对未来所从

---

[1] 陶西平.教师的专业情意[J].中小学管理,2007(7):54.

事的教师职业有一份热爱与追求,对教师职业怀揣着理想与信念。新入职教师工作热情高,积极投身教育教学工作中,敢于迎难而上,努力钻研业务。

(二)专业知识

任教学科不同,其学科专业知识有很大区别。学科专业知识是指所学专业在专业领域的理论知识。新入职教师刚接受过高等教育的洗礼,专业知识过硬,专业基础牢固,为担当好"传道、授业、解惑"职责打下了扎实的专业知识根基。

(三)专业技能

新教师容易接受先进的教学手段、教学方法,乐于接受新的教育理念,具有较好的创新能力。在教学中,能够将传统课堂和新媒体、新方法、新手段等结合起来,既可以吸引学生学习,调动学生的学习积极性,有利于学生更好地接受所学知识,还可以通过新颖有趣的教学方法培养学生的学习兴趣和各项能力。

三、新入职教师的人格特征

教师的人格特征是指教师的个性、情绪、健康和处理人际关系的品质。著名教育家乌申斯基在谈及教师的人格力量时指出,在教师工作中,一切都应该建立在教师人格的基础上。可见,教师的人格是教师职业最重要的本质特征。新教师的人格特征主要有以下几点:

第一,热爱本职工作。绝大多数新教师愿意从事教育工作,以饱满的热情全身心投入到教学工作中,认真研读教材教法,虚心向老教师请教经验,逐步成为课堂教学的组织者、引导者和参与者,努力成为一名优秀的教师。

第二,善于激励学生。研究表明,在教师的激励下,学生的行为更富有建设性。新教师善于采用不同的方式激励学生,激发学生的学习兴趣,鼓励学生主动参与到学习中,引导学生积极表达自己的想法,从中体会到学习的乐趣。

第三,注重关爱学生。爱生是教师必须具备的美德,也是教师的天职。新教师主动关心学生,心中想着学生,当学生在学习上遇到困难时,及时帮助学生解决问题;当学生生活上遇到挫折时,及时向学生伸出援助之手,让学生感受到温暖和鼓舞。

第四,充分尊重学生。新教师年轻有活力,更容易获取学生的信任与好感,同时新教师愿意蹲下来耐心倾听学生,平等对待每一位学生,不偏不倚;以学生为主体,使学生真正成为学习的主人,能够在轻松和谐的学习氛围中交流、讨论。

四、新入职教师的心理特征

教师心理特征是指教师情感、意志、兴趣和能力等心理品质方面的特点。新入职教师由于其角色刚刚发生转变,心理特征有别于从教多年的教师。

新教师情感特点主要表现在对教育事业、对学生和对所任教学科的热爱。新教师刚踏上工作岗位,精力充沛,思想活跃,敢想敢干。但是,由于一时难以找到或确定学习榜样,思想与追求、人生观与价值观都很抽象、模糊,因而时常表现出茫然与无所适从的心态。

新入职教师有冲劲、有干劲,其意志特点体现在对自己选择教师这份职业坚定与坚持,对所承担的教书育人任务十分明确,有爱心、有耐心,还有毅力。但面对学校布置的工作任务,以及教育教学常规要求和标准,在缺乏实践经验的情况下,有时会不知所措,甚至产生焦虑。

新教师的兴趣特点表现在将教育工作视为自身生活的需要和自觉追求的目标,专心投入到所从事的教育教学工作中。乐意展示自己,对成功的期望比较强烈。

经过见习期一年磨炼的新入职教师或是已有一年以上工作经验的新教师,

其能力特点表现为：基本上可以独立完成备课，熟悉课堂教学，准确运用口头和书面语言，熟练运用各种教学设备，经常应用各种信息技术手段辅助教学。但由于工作经验不足，新教师渴望得到有经验的教师在教学设计、教学方法、课堂管理与控制等方面给予切实可行的指导和帮助。

第二节　新入职教师的成长

人们对新教师的成长有一句顺口溜：一年"能教书"，两年"会教书"，三年"教好书"。这在一定程度上反映了新教师的成长经历有不同的发展阶段。一名合格的大学毕业生在专业知识和专业思想方面已经基本符合作为普通教师的要求，但由于初涉教坛，还未能完全适应教职生活，再加上教育教学经验不足以及缺乏对工作的规划和学生发展特点的认识，其实际操作能力会明显不足，驾驭教材和课堂的能力不强，不能及时根据教学实际去调整教学策略，组织教学活动的能力还比较弱，管理经验贫乏。如何使新教师真正与自己的学生时代告别，全身心地投入到教学工作中，实现从理论到实践的转化，从一名合格大学毕业生向合格教师乃至优秀教师逐步迈进呢？

一、准确定位教师角色

从韩愈的"师者，所以传道授业解惑也"到陶行知的"学高为师，身正为范"，时至今日，教师不再是无所不知的百科全书，也不再是单纯的教书匠，更不是高高在上的主宰者，一名合格的教师，往往必须同时扮演多重角色。

首先，要做学生的榜样，以身作则。在学生心目中，教师是知识的源泉、智慧的化身、行为的典范，教师的思想、谈吐、人格特点等各方面都会对学生产生潜移默化的影响。因此,教师的一言一行无疑会成为学生模仿和学习的对象,在学生心灵中刻上深深的烙印。所以教师要以身作则,为人师表。

其次,要做学生的引导者。拥有先进的教学理念和扎实的学科专业知识是教师向学生传授知识、技能的必要条件。同时,我们还必须认识到,学生才是学习的主体,要少对学生说"你一定要怎么做,你应该怎么做",而要多说"你可以怎么做,你可以试着做什么",鼓励学生勇敢地迈出第一步,独立思考,去提升他们的思维能力和判断能力,提高他们学习的主动性,使其积极主动地去求取知识、建构知识、创新知识,变"授人以鱼"为"授人以渔"。

最后,要做一个智者。新时期教师角色应由传统的"授业者"转变成为教育教学研究者;由知识的"传声筒"转变成为学生创造潜能的开发者;由"传道者"转变成为学生心理健康的护卫者;由单纯课程的执行者转变成为课程的设计者、实施者。同时,教师也应该是一位平等的合作者、谦虚的倾听者;真诚的赏识者、得体的协调者;资源的开发者、得法的组织者;扎实的研究者、教育的享受者;有效的促进者、勤奋的学习者。

二、立志做一个好老师

习近平总书记说过:"一个人遇到好老师是人生的幸运,一个学校拥有好老师是学校的光荣,一个民族源源不断涌现出一批又一批好老师则是民族的希望。"他进一步指出了好老师的标准:一是要有理想信念。好老师心中要有国家和民族,要明确意识到肩负的国家使命和社会责任。二是要有道德情操。好老师应该执着于教书育人,要干一行爱一行,如果身在学校却心在商场或心在官场,在金钱、物欲、名利同人格的较量中把握不住自己,那是当不好老师的。三是要有扎实学识。扎实的知识功底、过硬的教学能力、勤勉的教学态度、科学的教学方法是老师的基本素质,其中知识是根本基础。四是要有仁爱之心。好老师应该是仁师,没有爱心的人不可能成为好老师,好老师一定要平等对待每一个学生,尊重学生的个性,理解学生的情感,包容学生的缺点和不足,善于发现每一个学生的长处和闪光点,让所有学生都成长为有用之才。

好老师不是天生的,而是在教学管理实践中、在教育改革发展中锻炼成长起来的。今天的学生就是未来实现中华民族伟大复兴中国梦的主力军,广大教师就是打造这支中华民族"梦之队"的筑梦人。

三、在师徒结对中成长

师徒结对古已有之,各行业有之。如今师徒结对这种方式广泛运用于教育行业中,它充分发挥了各学科带头人和骨干教师的优势,帮助新教师解决在工作中出现的问题与困惑,加快提高新教师的教学能力和业务素质。师徒结对已经成为一种培养新教师的有效而迅速的途径。

1. 师徒结对中师傅如何做

一是学科教学指导。首先是备课,备好一堂课是上好一堂课的基础。通常的做法是:新教师与指导教师各自备课,完成教学设计,然后再讨论。就教学目标与方法的确定、教学思路的设计、学难点的突破达成较为一致的意见,为上课做好充分的准备。其次是上课,在上课这一环节当中,新教师需要跟踪听课,并做好教学实录,要重点学习指导老师是如何有效组织教学?如何调动学生的积极性?在教学工作中,常常会发现新教师在备课中是非常认真,为了上好一堂课,他们会查阅大量的资料,写出详细的教学设计。然而,在上课中因为紧张,对课堂的驾驭能力不强,容易一成不变地照着教学设计的内容完成教学任务,教学效果很一般。新教师与指导教师在教学方面的最大差距并不是在备课上,而是在课堂上。同样的教案,会由于授课者的不同,在上课的过程中便形成差异,教学效果当然就有了优劣。新教师上课时,指导老师也会听课,课后指导教师会真诚地提出意见。再次是课后工作,作业批改必须认真而严谨,通过检查作业,发现教学中的疏漏,做到及时弥补,即对学生加强辅导。在课后多付出一点,就能弥补上课中的不足,缩小与指导教师在教学效果上的差距。

　　二是指导班主任工作。班主任工作是用心灵塑造心灵的工作。优秀的班主任都是在遵循班主任工作共性的基础上,有很多个性化的东西。个性化的东西越多,班主任的育人风格就越鲜明。个性化的东西是优秀班主任在工作中不断摸索出的经验。我们每一位班主任都会遇到如何把班级建设成为班集体这一问题,有经验的班主任不会把班级建设仅仅停留在班委的组建和班规的制定方面,他会在班级文化建设上下工夫。新教师一定要学习指导教师个性化的育人经验,做好班主任工作。

　　2. 师徒结对徒弟如何做

　　一是做有心人,处处观察。不少教师在批改作业时用笑脸和哭脸来评判学生作业的好坏。看似一个很小的举措,却告诉学生这样的信息,老师很在乎你,你在老师心中很重要,你的作业能给老师带来快乐与忧伤。老师的关注也能成为学生学习的一种动力,我们需要在小事上仔细观察优秀教师是怎样做的,并学习他人的好经验。

　　二是做用心人,事事思考。俗话说:"师傅领进门,修行在个人。"靠个人的什么呢? 就是靠自己的悟性,用智慧去悟,用责任心去悟。新教师在听指导教师上课时,就应多思考"如果是我上这节课,我能怎样上"。"青,取之于蓝,而青于蓝;冰,水为之,而寒于水。"任何学习,都是为了超越。

四、精心备好每一节课

　　备课是课堂教学的起点和基础,于永正老师说:"不备课,或者备得不充分,我是不敢进课堂的。"从某种意义上说,课堂教学的质量取决于备课的质量。在备课时一定要树立兴趣比分数重要、方法比知识重要、会学比学会重要的思想。每每走进教室,教师念念不忘的是为兴趣而教、为方法而教、为会学而教,知识仅仅是载体,不以传授知识为唯一目的,而是以激发学生的问题意识、加深问题的深度、探求解决问题的方法、形成自己对解决问题的独立见解为目的。

于漪老师坚持了三年的做法是:"第一次备课:摆进自我,不看任何教学参考书与文献,全按个人见解准备方案。第二次备课:广泛涉猎,分类处理各种文献的不同见解后修改方案。第三次备课:边教边改,在设想与上课的不同细节中,区别顺利与困难之处,课后再备。"精心备课,能使我们收获课堂的精彩。

备课不仅是备教材、写教案,还要备学生、备教法、备学法。教材是教学的依据与根本,你在上课之前必须吃透教材,切忌照本宣科。第一层次:要关注"教科书包含了什么",着眼点在教科书的表层内容和呈现方式,比如一些零散的知识点、话题,或者教科书设计的图片、问题与活动等。第二层次:主要设计教学目标,主要是"教科书的重点、难点内容是什么"。第三层次:要开发与整合课程资源,主要是教学内容的资源开发与整合。教材内容只是课程资源的一种,可以对同一内容配备不同的资源。第四层次:要关注"教科书内容应该如何组织与整合",着眼点在教科书的组织顺序与结构上。关注教学内容组织顺序与实际情况的符合程度,思考教科书的组织顺序是否符合学生的学习心理。第五层次:要关注"应该如何看待教科书文本的地位和作用""教科书折射出什么学科教育理念"等。

作为新教师你一定要独立钻研文本,凭借你的认知结构、生活经历研读教材,你还应该把自己放在学生的角度进入教材,依照学生的认知结构去估计学生可能遭遇的各种问题,以确定课堂教学的重难点,提出具体的解决措施,设计合理科学的教学方案。当然,作为新教师也要用好教学参考书,把它作为自己备课的借鉴材料,但要切忌生搬硬套,人云亦云。要注意博览群书,做一个学识渊博的人,对教参要消化吸收,创新运用,要及时关注教学的最新动态,使自己的教学理念不落后。

对于每一节课,都需在教法上多动脑筋,以求达到最佳教学效果。如何设计学生课堂展示环节,如何实现学生自主学习以培养自学能力等,都需要教师课前精心策划。窦桂梅老师为一节课九易其稿,华应龙老师教学《角的认识与度量》一节,找到"玩滑梯"这个小学生感兴趣的切入点,黄爱华老师教学《万以内数的大小比较》以游戏贯穿课堂……都是经过了深入研究才获得的。教学上我们不能年复一年地走老路,无激情,缺创新,你要想让自己的教学生活有更多的感动,要想自己收获更多的成长乐趣,就得精心设计教法。当然,教法的使用与你所教的学科与课型也密切相关,要因内容而定。

上课的对象是学生,因此你还要了解学生,了解你所教班级的情况,如班级风貌、学习状况、班级学生对你教学所持的态度。你还要了解班级每位学生的特点,了解各个层次学生的学习情况。你还要重视学生的学,认真研究学法,让学生学会、会学、爱学。常规的学法要教给学生,如让学生明确预习、听课、复习、作业、总结的方法,方法要具体,可操作性强,不要强制灌输,要循序渐进,可以采用多种形式指导学生。

另外,超前备课也是很有必要的,单元备课、教案提前写两个课时等都是超前备课的常用形式。拿到教材后还要依据课程标准对整册书进行研究,制订学期教学进度表,然后进行单元备课,拟出单元计划,再进行课时备课,上课前一定要对教案了然于心,不要按部就班地依据教案上课,新教师针对教材多次备课是必要的,这样能促使你快速成长。

备课是你对教材进行再创造的过程,它是理智与情感滤化后的结晶,是一种转化、一种升华、一种超越。新教师只有注重在备课的深度与广度等方面进行深入钻研、领悟,才能避免照本宣科。

五、上好第一堂课

作为新教师,你会非常重视第一堂课,但怎样上好它,新教师却感到困难。第一堂课一般可以从以下几个方面入手:介绍自己,介绍本学科的特点,设计问卷调查征求学生的意见与建议,让学生自我介绍,以便缩小师生之间的心理距离。

一进教室,微笑向学生点头致意问好;热情洋溢的开场白让学生精神振奋、精力集中;黑板上写的第一个漂亮的字或第一个优美的句子让学生赞叹;第一次朗读让学生激动;第一道题的解法让学生新奇;第一次恰到好处的表扬让学生感动;用丰富的表情感染着每一个学生;用机灵的眼神吸引住学生;用幽默的话语让学生笑起来;让每个学生都能感受到无微不至的关爱;新颖、独特的教学方法让学生感到有用;提出的问题或疑问能启发学生思考;讲解时让学生聚精会神;对课堂的小结能让学生明白课堂所学内容;布置的作业能让学生发散思维,并培养学生的创新能力。

没有规矩,无以成方圆,从第一堂课开始,你的课堂要有规范,要有纪律。你要注意培养学生良好的上课习惯。比如,老师一开口讲话,全班必须立刻安静下来,不允许老师在上面讲,学生在下面说的现象出现。你不要因为违纪人少,不影响上课而姑息迁就,一定要抓住苗头,严格要求。第一堂课要严,堂堂课要严,好习惯就会慢慢养成。但你不可过于严厉,要用亲切、生动、风趣的语言来表示。面对违纪现象也要有严肃的一面,做到爱憎分明。下课后别急着离开教室,应当在教室里待一会儿,态度要亲切和满。

六、养成勤记笔记的好习惯

书籍是学校中的学校,对一个教师而言,读书就是最好的备课。苏霍姆林斯基说:"读书,读书,再读书。要把读书当作第一精神需要,当作饥饿者的食物,要有读书的兴趣,要喜欢博览群书,要能在书本面前坐下来,深入地思考。"阅读应该是每一位新教师的教育生活的一部分。

俗话说:"好记性不如烂笔头",读书时,把自己的独特见解整理出来,写成笔记,这样可以帮助我们加深印象,便于日后从记忆中提取,对知识进行比较、综合、分析。管建刚老师认为,老师的成长有三个顶呱呱:课顶呱呱,文章顶呱呱,辅导顶呱呱。做好其中的一条,都能立足,都能走向优秀。他以为,最经济、最大众的切入点是扎扎实实地做好一件事:记录。

李镇西老师在刚刚走上工作岗位的时候,就用教育随笔记录下他在工作中做的一些事情。几年以后,他把教育随笔进行整理,出了《爱心与教育》一书,引起了巨大的轰动。轰动效应的产生源自于那些充满着鲜活生命且感人至深的教育故事,每一个教育故事都凝聚着教师的倾心付出。李老师的十几本教育专著,都有很强的可读性,也有很大的震撼力。教育随笔为他的写作提供了大量的素材,从而避免了空洞的说教给人带来的枯燥乏味的感觉。我想当初李老师在写教育随笔的时候,并未想到日后他会成为名家,他只是想用这样的方式来记录下他对爱心教育的理解与实践。

教育事业的魅力在于它经常能让人寻找到感动。工作中的感动、困惑、喜悦、愤怒、成功和失败都值得我们珍藏,珍藏的最好方式就是教育随笔,我们用教育随笔记录下工作中的点点滴滴。若干年后,我们回过头来看自己走过的路时,翻翻自己写的教育随笔,一定会因踏踏实实工作而欣慰。

七、班级管理坚持民主和科学

我们问卷调查的2 000位新教师,约有50%担任班主任工作,有77.4%的新教师感到比较欠缺的是班级管理方法,有27.8%的新教师感到自己已经难以管理学生。可以看出,班级管理是新教师比较"为难"的一个事情。

魏书生老师说过,做班主任,第一要讲民主,第二要讲科学。教育管理的第一个智慧,我们把它叫做民主,对于班主任来说,要带好一个班,第一需要是发扬民主,这是根本的。教师是否有管理智慧,就在于这个教师是否能够培育学生的民主精神,让学生过民主生活。一个真正把爱倾注在教育事业上的教师,不仅能做到热爱孩子,尊重孩子的人格,而且能够做到把自己和孩子放在完全平等的位置上,以培养孩子的民主精神。

建立民主平等的师生关系是时代的需要。师生关系是否和谐融洽,直接影响着教育效果。学生喜欢并佩服你这个老师,他就会喜欢你所教的学科;学生热爱并尊敬你这个老师,他就会信服你讲的道理。师生关系融洽,要求教师营造一种和谐宽松的课堂氛围,使孩子在愉快的心理环境中获取知识、增长能力。师生关系融洽,使得孩子愿意接近教师,也愿意把自己的想法告诉教师,这样便于教师了解学生,从而有的放矢地进行工作。

除了有科学民主的班级管理方案,新教师还必须学习必要的管理技巧。好的班主任应该做到该刚的时候要刚,该柔的时候要柔。他可以为维护教师自身的权威而对班级不良风气进行大刀阔斧的整治,也可以在学生情绪激烈之时审时度势,稍作退让。而总体来说,班主任对待学生的基本原则应该是既有严格要求也要宽大为怀。班主任在对学生严格要求的同时,要体谅学生的难处,要设身处地地为学生着想,学生犯了错,要尽量原谅他,学生没有取得预期的进步,要有耐心,多给学生机会。这样的班主任学生自然信服。但是宽容并不等于放纵,该严厉时还是要严厉,绝对不能违反原则。否则将因为自己的过度宽容,而使自觉性不高的学生得寸进尺,以至于毫无顾忌地胡作非为,以为教师软弱可欺。

八、注意建立教师威信

管理的根本精神是民主。让学生学会自我管理、自主发展,这是管理的核心目的。但是,无论民主管理多么美妙,它总还是需要一些辅助策略或前提条件的。如果说技术是民主的辅助策略,那么,教师威信则可以视为民主管理的前提条件。

孙蒲远老师在她的专著《美丽的教育》中讲到"树立教师的威信最重要的是以下几个方面:人品正,学生尊敬,家长敬重;业务精,学生佩服,家长认可;爱学生,学生爱你,家长放心。"

一个教师在学生那里是否有威信,取决于这个教师是否能够让他的学生敬畏而喜欢。教师可以询问自己：我要让学生敬畏我，我做到了吗？如果做到了这一条，紧接着可以询问第二条：我要让我的学生喜欢我，我做到了吗？

学生凭什么喜欢教师？喜欢的原因可能很简单：这个教师有爱心，他对他的学生好，他的学生就喜欢他，就是这么简单。学生凭什么敬畏教师？敬畏的原因可能是教师的行为魅力，也可能是教师的人格魅力。

九、加强信息素养，适应课堂变革

2020年伊始，一场突如其来的新冠肺炎疫情打乱了正常的教育节奏，各地纷纷行动，按照原来春季课表和课堂教学方式，将线下教学搬到线上，老师们突然成了主播，如何做微课？如何利用直播软件开展线上教学？如何借助教育云平台组织教学？这些问题的确让许多老师感到从未有过的忙乱和焦虑，信息化时代的课堂变革对教师教学理念和信息素养提出了新的挑战。

新入职教师，首先应该主动适应大数据、人工智能等技术变革，走出教学舒适区，提升数字化学习能力，积极应对信息时代的教育挑战。其次应该在开展信息化教学时，将信息技术深度融入教学设计、教学方法运用、教学媒体选择、教学实施、评价反思等教学全过程中，有效推进教育教学质量提升和教育教学改革。再次是应抓住机遇，提升在线课程设计与开发、混合式教学、数据分析和评价等信息化职业能力，不断更新专业知识、提高专业技能。

第三节　现实案例分析

案例一：纯婷老师的培训体会

2018年10月，我参加了新教师培训。在这次培训中，让我印象深刻的是开班学习第一天的上午，韩山师范学院文剑辉教授的讲座"怎样做一名有滋有味的好老师"。文剑辉教授以他自己亲身的经历和体验为我们带来了一场有趣生动、收获丰富的讲座。

在讲座中，教授提到要做一名有滋有味的好老师，首先要心中有梦想，而这个梦想就是当个好老师，教好孩子。在教学中逐渐实现这一梦想，实现教师的个人价值。教好孩子是我们快乐的本钱和幸福的源泉。其次，要身上有热情。要做到热爱学生、热爱学校、热爱工作。要认识到每一堂课对学生一生来说只有一次，我们要认真对待。"路漫漫其修远兮，吾将上下而求索。"同时，作为一名教师，我们要有自信，但是切忌自负。然后，一名有滋有味的老师要手中有书本。文教授说："从读书中可以找到方向，吃到甜头。"他为我们推荐了许多的书籍，这些对于我们新教师老师都是迫切需要的。读书的好处多多，相信很多人都知道，在这里就不多加赞述，我希望自己在以后的教学生涯中，多读书，读好书。给学生"一杯水"，教师要先有"一桶水"，但这远远不够，教师要将"一桶水"变为"源头活水"。接着，做一名有滋有味的教师，还需工作有心思。既要上好课,还要听好课。不仅要得到直接经验,还要学习间接经验,要向优秀的前辈学习,上好课,做好班主任。最后,做一名有滋有味的教师,也要过好自己的生活,让自己的生活充满色彩。在讲座的尾声,文教授送了四个字给我们——"豁达乐观",我想,这是文教授的工作态度,也是他的生活态度,更是他想传达给每个人的人生态度。这场讲座真让我受益匪浅,回味无穷。

(案例主人公:广东省汕头市澄海实验高级中学附属小学　纯婷)

案例启示:入职培训对新教师有较大的帮助,前辈以自身的教学实践和工作经历现身说法,具备较强的情境性,培训效果比较突出,能增加新入职教师的职业认同感,激发新入职教师对未来所从事的教师职业的热爱与追求。

案例二:可心老师被接受的故事

2018年,我入职到广州市从化区一所乡村小学,相对于城区来说,工作强度肯定没有那么大。我担任两个年级的英语教学工作,还要兼任一门其他学科,而且还一直担任班主任工作,自2019年9月始,又兼任学校少先队辅导员工作。参加工作以来,教学成绩一直处于学片前列;论文获得区级奖;指导学生参加比赛也有获奖。记得我刚刚参加工作的时候,担任五年级班主任及五六年级英语教学工作。因为教学方法的不一样,学生的英语老师又刚刚换成我,学生很是怀念他们以前的英语老师和以前英语老师的教学方法,老是跟我说他们以前的英语老师是怎样怎样的,不会给他们布置那么多笔练作业等。说真的,我听到这些心里挺不是滋味的,但我也只能跟他们以前的老师不一样,因为年级也不一样了,所以教学方法及作业的布置也会不一样的,我尽所能去教好他们。一段时间后,我发现这种拿以前老师对比的声音慢慢没有了,有时候有一两句不满,其他同学会立马维护我。学生本身也发生了很多的改变,他们会互相提醒做课堂笔记,他们会给我写感谢的纸条,他们会认真完成我布置的作业,他们听不懂的时候会举手提问我了。学生的改变换来了他们可喜的成绩。我跟学生的相处也越来越融洽了。在我努力的同时,学生也是在努力去适应我的,我有了惊喜和感动。在他们幼小的心灵里，换老师其实是对他们影响挺大的，但是他们愿意放下成见去接纳新老师，去配合适应新老师，这是非常了不起的。这件事情深深地影响了我，我意识到自己的努力是远远不够的，学生的改变给了我更大的动力。我应该更深入地了解每一位学生，真正做到因材施教。不管是怎样的老师，只要用心去对待每一位学生，用心去上好每一节课，都会成为最受学生欢迎的老师。

（案例主人公：广州市从化区安山镇泰小学　可心）

案例启示：这个案例很有代表性，反映了几乎所有新入职教师普遍经历过的师生适应的问题。从学生层面来看，面对新学期新知识的学习任务，额外增加适应新教师的教学方法，很自然就会滋生畏难情绪。从新入职教师层面来看，怀揣事业的理想，站到了讲台之上却迎来残酷的质疑。这个时候，新入职教师要坚定信心，坦然面对质疑，用高昂的工作热情，尽快去熟悉学生，选取更利于活跃课堂氛围的课件、小游戏、案例和互动等教学方法，充分展示优秀的教学能力和先进的教学理念；同时，适当多表扬鼓励学生的每一点小成绩，尽量关注到每一位学生的进步并给予肯定。相信，新入职教师用蓬勃的工作热情，精心教导每一位学生，学生必将感受到并愉快地接纳新老师。

案例三：吉米老师积极迎接挑战的故事

作为一位"菜鸟教师"，我不像同批的其他教师在之前已有代课经验或在大学期间通过师范专业课学习已有基础，我仅有的教学相关经历就是大学时的家教和教育机构助教，但这些都与实际的课堂教学相差甚远，可以说在这个行业我就是一张完完全全的白纸。接下来我想谈谈这两年时间里渐渐摆脱"菜鸟"身份和心态的心得。珍惜每个机会，积极迎接挑战。最后这一点也是我这一路最大的感触，一位教师能快速成长，我认为不断地锻炼是必不可少的。而我从"菜鸟"到快速成长，更是离不开我遇到的种种机会和挑战。

第一种机会与挑战是公开课。我相信每位老师都会认同这一点：开公开课是一件需要耗费极大精力、人力和时间的事,但由此收获的成长也是成正比的。所以我积极地接受了公开课任务,在前辈的悉心指导下,虚心地学习他们的经验,在不断完善一节课的过程中,快速地成长着。从教第二年的一次校级公开课后,我听到前辈们对我的评价是:比去年刚来时那节公开课进步了很多,现在你有了真正的老师的样子了。在2020年初,因为新冠病毒疫情的影响,学校延迟开学,区教育局组织一批骨干教师录制网课供学生在家学习,我也有幸参与其中一节课,这种难得的机会更是不断推动我进步,我在这过程中锻炼到的不仅是如何上好课,还有如何运用现代技术。

第二种机会与挑战是参加相关的比赛。在入职第一年,学校为了给我锻炼的机会,把参加市教师教学技能大赛的名额分给了我。知道我要参赛的第一瞬间,我是害怕的,还是那个原因:我知道自己有很大的不足,对自己没信心。但在同事们的帮助和鼓励下,我努力准备着,用最好的状态参加比赛。参加比赛同样需要付出大量的时间和精力,但从中汲取到的能量和收获到的成果也是无可比拟的,最终在区级教学技能大赛中我获得一等奖的成绩并代表区参加市赛。在市赛中我沉着自信,我自信的原因之一是我背后有优秀的团队的支持。学校英语组其他同事在我准备比赛的过程中给予我很多帮助,因为她们在我备课、完善教案的过程中提出好建议,所以我更有底气准备比赛,加上临场自信发挥,最终我取得市级教学技能比赛一等奖。尽管后来因为教龄不够没能参加省赛,但这段经历也让我受益匪浅。除此之外,我还参加了其他一些比赛,例如课件大赛、微课比赛、优课比赛、德育论文比赛等,在这些比赛中,我不断磨练自己,不断成长。

(案例主人公:广东省汕头市澄华小学 吉米)

案例启示:新入职教师普遍具备信息技术能力扎实的优势,围绕新课标要求,吃透教材,发挥编辑排版、视频制作等小技能,精心打磨教学设计,让课堂教学信息化、趣味化,积极参加各类教学评比活动,从各种活动中加强磨练,进而快速成长。

案例四：可心老师外出学习的故事

在我参加工作几个月后，有一次区里有让英语老师出去学习的机会，其实那时候我是想去的，就试着去跟校长争取了一下。没想到校长立马答应了，还嘱咐我出去一定要好好学习，争取回来后把学到的东西运用到本校的英语教学上。当时校长这么支持我，我心里挺感动的，但同时也十分纠结，毕竟是要出去学习差不多一周，我担心我的学生，担心他们的学习进度和学习状态。没想到我们学校英语科组的老师主动找到我，要帮我分担我的教学任务，还鼓励我不要担心，他们会帮我把教学任务赶上来的。我当时差点热泪盈眶，我是多么幸运才能遇上这么好的领导和同事呀。后来我顺利出去学习了，英语科的拍档们轮流给我们班上课，教学进度一点都没有拖慢。这次学习帮助我拓展了很多专业知识，也给我很多教学上面的启示。我意识到自己还需要不断进修学习，才能不辜负这一份职业。学生作为教学的主体，了解他们进行因材施教是第一前提；作为一名新教师，熟悉教材，加以运用拓展，用最接地气的方式给学生呈现出来是重中之重；最后，教学反思非常有必要，它可以帮助我不断改进，也是我教学生涯的重要凭证。这次的事例对我的影响主要有两点：一是同事之间要互帮互助，共同成长，才能给自己提供一个纯净明亮的职业环境；二是我要督促自己做到学无止境，教学是一个边教边学的过程，是需要与时俱进的。

（案例主人公：广州市从化区鳌山镇泰小学　可心）

案例启示：加强教师队伍建设离不开在职培训，新入职教师相对来说在职培训的任务比较多，进而，存在一个"工学矛盾"。因此，新入职教师要尽快熟悉校园环境，融入学校；更要发扬年轻活力，主动建立和谐的人际关系，便能以换时间上课、代课等方式来降低在职培训对教学进度的影响。

案例五：静冰老师那始终伴随着的记忆

我2016年毕业就来到广州越秀一所全国足球特色学校任体育教师和校足

球队教练，这两年的经历是我教师生涯成长的基础，也是我难忘的一段经历，因为这段经历成就了我的理想。足球是我最喜欢的运动和聊的话题，我的生活大部分的时间是和足球在打交道，还记得刚刚毕业来到这所学校，自己也想带队训练，所以就组建了一年级的校队。通过层层地选拔，最终第一轮从100名一年级的学生中选出了38名，他们在训练一个学期后进行第二轮的选拔，最终确定了25名队员成为一年级的校队。

当时自己也是刚刚毕业，所以对足球的训练方法和训练手段还不足，跟着学校的科组长学习带队训练和比赛。学校科组长负责另外一个年龄段的训练，由于是刚刚组建的一年级校队，还不能带队参加比赛，所以我在第一年中一直跟着科组长出去带队比赛。比赛都是在周末和节假日，所以我没有周末和节假日的休息。那时候周末和节假日跟着带队比赛我是没有补贴的，我的科组长经常和我说，这些比赛你可以不用去，因为你没有补贴，但如果你想跟和我学习带队比赛和指挥比赛的经验那你就要不怕辛苦，心态一定要放好。每当别人国庆或是其他节假日放假休息的时候，我们两个总会带队出去参加足球比赛。在这过程中我学会了如何指挥比赛，如何组织学生和安排学生，学会了如何在比赛前热身和做战术安排，特别是临场的调整，这些方面我一直默默地跟着学习。每一次周末带队比赛回来我都会简单地在笔记本上记录今天的收获，就这样一年多以后我写完了好几本笔记本。

在第一年中我只能训练自己组建的一年级校队，由于刚刚出来工作，所以我的训练要求和我的科组长的相似。我们校队训练是一周三天下午放学训练，下午训练经常有很多学生的家长观看，家长有时会看到我在旁边训他的孩子，我从来不会和学生在训练的时候说笑，训练时我总是黑着脸，所以家长说从来没有见过我笑过。对这批学生我很严格很有原则，选出队长和副队长，每天下午的热身由两位队长负责，我的要求一下去他们没有人敢说笑和玩闹，有时他们在玩的时候一看到我过来马上认真起来。

我觉得我自己很幸运来到这个学校，因为我跟着学习的科组长是职业队退下来的职业球员,我从他的身上学到了如何去组建球队,管理一支球队,如何去和家长沟通,在哪个年龄段训练什么内容,用什么要求去管理学生,最重要的是学习他做事做人的这些方面。可以说我刚刚开始的一些训练方法都是跟着科组长学习的,然后我一有时间就会观看视频,理解视频设计训练内容,每次的训练内容我都会设计出来拿给科组长修改,特别是广州市很多俱乐部都请了外教来俱乐部训练,所以一有时间我就会坐公交车去观看外教的训练,从中我收获特别多,特别是在周末没有比赛时我就会早早地起床一天都在外面看很多俱乐部的训练,用手机拍下来也会用笔记本记录下来,回去加工变成适合自己队员的训练方法,就这样我的队伍一点点在进步,一天天地在成长。

(案例主人公:广州市增城区富鹏小学　静冰)

案例启示:这个案例反映了新入职教师在事业的启动阶段,务必要用心、虚心去学习,拜老教师为师。毕竟,刚走上教坛,教学方法和教学策略无疑都是薄弱的,仔细观察学习身边的同事,特别是优秀的骨干教师,从模仿学习开始,认真钻研思考,把优秀的教学方法和策略吸收并消化,相信不用多久,新入职教师自己就能感受到自身的进步。

第四章

教坛新秀

在教师队伍中，青年教师的培养、成长是教育可持续发展的关键所在。一名新入职的年轻教师，往往要经历站稳讲台，形成特色，成为教学的骨干等阶段，然后成长为一名教坛新秀，成为青年教师中的先进代表和教学标兵。

第一节　教坛新秀的主要特征

教坛新秀称谓的由来,是各级教育行政部门为鼓励新教师尽快成长而设置的一种荣誉称号,一般授予教学实践能力强、教育教学实绩突出、具有较强的教育教学研究能力、在教育教学岗位上脱颖而出的优秀青年教师。教坛新秀普遍具有以下共同特征:

一、责任心强,教育情怀充溢

我们在对教坛新秀的访谈中发现,他们选择教师这一职业的原因是多种多样的,有的是受父母、老师或身边亲戚朋友的影响,有的是稀里糊涂的仅仅出于找一份工作的心态,真正是因为热爱教师这个职业而走上讲台的,所占的比例少之又少。但是,不管出于什么原因,成长为教坛新秀的这些老师一旦走上了教师岗位,在工作的过程中,他们往往表现出强烈的事业心和责任感,热爱教育,热爱学生,自发自觉地追求着教育,充溢着教育情怀。在访谈中,"您觉得最应该具备的教师情怀是什么?"教坛新秀苏洁琼老师谈到:

我觉得首先是责任心,有了责任心才会自觉主动地花时间认真备课而不是敷衍了事。其次是热爱,热爱地理学科,热爱生活,有了热爱,才会有钻研地理问题动力,才能从日常生活中发现与地理教学相关联的事例,并将这些事例用到地理课堂上,引起学生共鸣。最后是热情,如何把地理知识很好地传递给学生,热情是一个关键因素。如果一堂地理课老师只是平淡地讲授地理知识,没有投入自己的热情,那学生肯定听得无聊,如果老师把自己的热情注入地理课堂,让学生感受到老师的热情,那么学生在课堂上所感受到肯定是超越知识本身更重要的东西——对地理学科的喜欢或是热爱。这样一来我们很可能会达到事半功倍的效果。这就是我从事地理教学三年的粗浅感悟。

这样的答案,无一例外地体现在教坛新秀的回答中。在他们看来,这是教师应该具备的最起码的教育情怀,是走向三尺讲台最基本的前提。有教育情怀的教师,热爱教育事业,在教书育人的工作中,才会勇于追求,乐于奉献。有教育情怀的教师,才会对学生充满热情和爱心,在尊生爱生的情怀中投入工作,并在过程中不断实现自己的专业成长。

二、踏实进取,专业愿景明确

刚入职的青年教师,普遍对自己的专业成长并没有目标规划,缺乏深入的思考。但是,部分青年教师会快速地进入角色,熟悉教育教学的各方面并形成自己的特色,经过两三年的锻炼后,脱颖而出,成为这个群体的先进代表,也就是教坛新秀。回首他们的成长历程,不乏将"上好每一节课""当一名最好的老师"作为自己的工作目标。因为怀有这种愿景,他们有一份成为优秀教师的期盼,在教学中始终保持着激情,成为日常教学工作的源动力。因为怀有这种愿景,促使他们在教书生涯中不断学习求知、探索进取,不断地提高自身工作水平,不断追求教学的卓越与完美,实现自己的专业成长。教坛新秀邓东富老师说:

从高中起,我就坚定要当一名优秀的地理老师,所以填志愿时我只填了地理科学师范类这个专业,最后被云南师范大学录取。2015年入职后,出于对工作的热爱,我发挥自己的优势,精心备课,争取做好每一张幻灯片,上好每一节地理课,在同事的帮助下,慢慢地熟悉了高中教学工作。经过了一年的努力,在全市的调研考试中,我所教的班级取得了优秀的成绩。2017年,我被调到了恩平市第一中学工作。由于学情发生了变化,我深知之前取得的成绩还远远不够,便更加努力工作和学习,花更多的时间和精力去准备好每一节课。在学校的培养下,在同事的帮助下,在学生们的支持下,我的教学能力有了更大的提升。

由此可见,明确的职业成长目标,踏实进取的工作态度,是影响教师专业发展进程及水平的内在因素。教师专业发展的愿景越强烈,投入的教学热情就越高,工作越努力,所能达到的专业水平也就越高。

三、业绩突出,教学成效显著

对教坛新秀的评价中,除熟悉本学段教学流程,胜任各年级教学,教学成绩突出外,是否具有与时俱进的教学理念,是否具备较强的课堂教学改革意识,是否具有较明显的教学特色,并对同行教学起到一定的影响作用,也是教坛新秀评选的重要依据。我们对教坛新秀所在校的同事,任教的学生进行了问卷调查、民主测评、个别访谈等环节的调查,对于"在教育教学方面,您认为该老师有哪些突出的表现?"这一问题,"有较新的教学思想和理念""有改进课堂的勇气和智慧""有较强的课堂教学调控能力""课堂氛围活跃融洽"等出现的频率是最多的。而新秀教师在访谈中表示,课堂教学能力的提升,一方面离不开教育教学理论和新课程标准的学习,不断提高自己的理论素养和专业理论水平。另一方面,通过备课听课、承担公开课、教学比赛、教师业务研修等途径,在教学实践中积极探索教学方法,提升课堂教学能力。调查中还发现,每一位教坛新秀均多次承担公开课和参加教学比赛,在层层选拔的过程中,教师仿若步入专业成长的快车道,课堂教学能力迅速得到提升。教坛新秀潘康龙老师说:

> 2015年,我有幸参加了江门市高中地理优质课竞赛活动,从县市的比赛,直到地市的比赛,历经一个多月。那段时间,对我个人来讲,是一次难得的学习机会。从备战到比赛,压力很大,却也是收获最多的一段时间。
>
> 从接到比赛任务的第一天起,我就反复研究课本教材,深挖课外教学素材作补充,认真设计导学案,制作精美的课件,同时上网浏览了上百个相关内容的课件及课堂实录,吸取其他老师优秀的教学经验。教研室、同科组的老师也多次来到我的课堂听课,并耐心地对我的课进行指导,给我提出了很多宝贵的意见,让我深刻感受到了团队的力量。依然记得,教研室吴健苗老师从比赛的各项评分细则作出了专业的指导;曾国强老师说,教学要落到实处,设计的环节要基于学习,层层递进;冯侠勤老师说,课堂教学要结合一些相关的探究案例,引发学生的兴趣;吴方道老师说,一节课的学习,除了知识的学习,还应该有德育的渗透,也就是情感态度与价值观……
>
> 比赛下来,除了收获良好的成绩外,专业成长也上了一个阶梯,我深深意识到,想要在教师行业走得更高更远,专业基本功要扎实,课堂要能够激发学生学习兴趣,教学设计步骤要紧凑合理,教学理念要新。这些认知,为我后来的教学道路指明了方向。

总的来说,教坛新秀更善于汲取新的教学理念和教学思想,并切实运用到课堂教学的过程中。为了达到预期的教学目标,教师在课堂教学中会不断地根据学生的反馈来调节教学方式,通过创设学习情境,启发学生的思维,帮助学生高效学习,注重创设宽松和谐的课堂气氛,通过保持师生互动,最大限度地调动学生的积极性和主动性。

四、善于沟通,师生关系融洽

教坛新秀,首先是教学能手,具备扎实的专业知识,精湛的教学技能,高超的课堂调控能力等特征。其次是优秀的班级管理者——班主任,善于摸索教育规律,掌握了良好的教育艺术。在我们的调查中,几乎所有的教坛新秀都担任了班主任工作,在对学生、同事的访谈中,"面向全体学生,提升学生的整体素质""热爱关心每一个学生,深受学生爱戴""因材施教,经常深入到学生中帮助指导学生,并根据不同学生的情况进行有效的辅导""关注大多数学生的发展,师生关系民主平等"是对他们担任班主任工作的普遍评价。教坛新秀何自发老师说:

我从2014年开始参加工作,2016年我应聘到另一所学校,担任一个特殊班级的班主任。我第一次站在讲台,话还没有说,十几个学生就跑去教导处说要转班,校长不分青红皂白地对我骂了一顿。当时我年轻气盛,就立下军令状:我刚接班,他们要走不是我的责任,如果我带了半个月,他们还是要走的话,我立马辞职。在这半个月里,通过各方信息摸查学生情况,整个班级26个男生,抽烟打牌的、喝酒赌博的,应有尽有。面对这样的班级,我开始是心慌的,不知道怎么办好?但是既然担任下来了,不能让人家看笑话,不行也要逼自己去做。于是,我与每一个学生交流谈心,面对不同学生,采用不同的谈话方式,效果还是很显著的。接下来,我从班级里选一些得力助手做班干部,同时我也选一些调皮捣乱的进行培训指导,并承诺如果他们在一个星期内做到遵守学校纪律的话,可以免除一个星期的劳动或少做些作业等。但是,对于一群陋习已成习惯的孩子,时不时的会搞出点事情来。记得有一次上体育课,班上一位"调皮老大哥"把教室里的黑板砸了好大一个的窟窿,四分之一的黑板全部都废了。他当时慌了,马上跑到办公室跟我说,他不小心摸了一下黑板玻璃,就坏了。我没有责备他,而是用很关心的口吻询问他,你手受伤了吗?要不要去看医生?他一下很羞愧了,交代了事情的经过,而且用很担心的口气问我:"老师,怎么办?我会被开除……"我对他说:"我知道你不是故意的,我理解你的心情,你放心,这件事老师帮你处理好,但是你需要承担一下责任,你负责一个月的大扫除。"经过此事,他在班级里再也不会故意捣乱,不会影响其他同学。慢慢地,其他同学也学着他变乖了,班级风气渐渐好起来。学校领导常常头疼的班级,经过我两三个月的整治,变化很大,后来常常获得流动红旗。在两年后的高考中,学生的高考成绩居然比一些纪律好的班级还好。特殊班级需要特殊管理,其实不管怎么管理,尊重学生差异,用心去沟通是最关键的。

班主任工作是新教师成长为教坛新秀的必修课,更能体现教师的责任感和使命感,更能体现教师的教育艺术。从上面的案例可以看出,教坛新秀勇于承担责任,用心关怀学生,积极探索教育方式,运用不同的教育艺术去解决问题,善于与学生、家长沟通,与学生的关系融洽和谐,教育教学工作有成效,并最终获得学生、家长和社会的普遍认可。

五、勤习多思,专业素养出众

在教师的专业成长的道路上,教师的知识结构是教书育人的重要前提,教师的知识越渊博,眼界越开阔,涉猎的知识面越宽厚,那他就更有可能在同辈的教师中脱颖而出,一步一步地走向优秀教师的行列。反之,就只能是表现平平的普通教师。在访谈中,几乎所有的教坛新秀都非常重视学习,重视知识的积累和沉淀。"积极参加各种研训学习"、"在教学实践中积累经验"、"善于进行教学反思"并将自己的所思所得提炼总结,上升为理论发表论文,甚至是专著,把成果辐射给其他教师,成为教师群体的学习标兵。这是他们专业素质提升最主要的途径,也是教坛新秀的另一个主要特征。教坛新秀周剑老师说:

> 作为一名年轻的教师,我在参加工作八年的时间里,平时认真学习教育教学理论和新课程标准,研究教育发展规律,以崭新的教育理念丰富自己的头脑,提高自己的理论素养和专业理论水平,提升自己的专业能力,关注自己的专业成长。我经常观看网络教学视频中的精品课。精品课是经过多少次磨课,反复锤炼形成的,这种类型的课,各个环节处理都是恰到好处的,每个细节都值得我们学习。我积极参加校内外的教研活动,争取和珍惜外出听课和学习的每一个机会,通过一系列的听课、学习活动,我的收获很大,逐步掌握了一些驾驭课堂的技巧。每次听完课之后,我都有不同的感悟,而写教学反思则是我每次活动的"课后作业"。同时我也争取参加优质课竞赛、校园开放日公开课、组内公开课等活动。在这些教研活动中收获更多的是自己教育、教学、教研能力的提升。特别是在每次公开课后,每位教师畅所欲言,可以聆听老教师的经验,也可以提出自己在教学活动中存在的疑惑,让他们指点迷津。

经验加反思等于成长。不管是知识、信息还是科技,更新迭代的速度越来越快,教师保持学习的状态、对教学理论和实践不断反思总结,并且在教学实践中形成自己的教育思想和教学方法,是教师提升专业素养最有效的方式之一,也是教坛新秀成长的必经之路。

第二节 如何成长为教坛新秀

我们常发现一个有趣的现象,同一批入职的新人,大家起点相差不是很大,但是短短三五年间却开始出现分化,彼此拉开差距,这往往取决于个人职场成长路径。那么,从教坛新人到教坛新秀,又有怎样的成长路径可以借鉴?我们认为,可以从持续行动、善抓机遇、巧用平台这三个方面不断深耕,为成长助力。

一、持续行动,筑牢根基

2019年底热播电影《误杀》中有两句经典台词相信不少观众都印象深刻,第一句是男主角李维杰说的:"当你看过了1 000部以上的电影,你就会发现这个世界根本就没有什么离奇的事情"。第二句则是警察局局长拉韫说的:"你要是破过1 000个以上的案子,你就会发现世界上压根就没什么离奇的案子"。虽然两人身份不同,但都一语道破技能发展的一般规律,即精通的核心在于愿意为此投入足够多的精力和时间。而马尔科姆·格拉德韦尔提出的10 000小时定律也表明:要成为某个领域的专家,需要10 000小时。这些都告诉我们,持续性的量的积累非常重要。新教师想要快速成长,必须先过"量"这一关。那么,需要做到哪些"量"呢?我们认为可以从以下四个"1 000"着手,筑牢根基。

(一) 听 1 000 节优秀课

新教师在接受师范教育期间接触的课例多为公开课、比赛课,这与中小学的常态课堂差别甚大。且新教师上课风格尚未真正形成,可塑性极强。因此,可以多花些功夫在听优秀课例上,博采众长,融会贯通,塑造自己的风格。

本人入职第一年便被委以重任——教九年级毕业班,当时压力山大,时不时会担心自己把知识点讲错,于是每天都搬着小板凳去听同年级老师的授课,每一节课都去听了一次甚至两次才有底气回来自己上。这样雷打不动坚持一年下来,板凳没有坐穿,收获倒是不少,褪去了师范生的学生气,能从"老师"的角度去把握、看待和讲解学科知识,对课堂的掌控也逐渐游刃有余。恰逢当时教育部力推"一师一优课,一课一名师"赛课活动,依托国家教育资源公共服务平台汇聚了来自全国各地的部级优课、省级优课,我一有时间就去观摩,认真揣摩其中的讲课技巧、知识铺排、难点串联等,遇到好的点子,就拿小本子记录下来,方便之后学习借鉴。说到这些,中间还有件有趣的事情,就是我后来改教高三年级,还专门在某直播课 APP 上买了一系列高三同步复习网课,当作自己也是高三学生每天晚上七点到九点准时上网课,并积极参与答题发言。通过这种沉浸式体验,从学生的角度去看知识点,进一步摸清其中的重点难点,进而在上课过程中精准施教。

听优秀的课其实是一种享受。现在各类教学资源非常丰富,只要用心去找,总能发现不少宝藏优课,新教师可以尝试立个 Flag,让听课更有仪式感,比如每天听 1 节优课,中间做好分析笔记,相信坚持 1 000 天下来,加厚的不仅是笔记,更是教学的根基。

(二) 写 1 000 天反思

叶澜教授曾说:"一个教师写一辈子教案不一定成为名师,如果一个教师写三年的反思,有可能成为名师。"何谓教学反思?申继亮指出:"教学反思是指教师为了实现有效教学,在教师教学反思倾向的支持下,对已经发生或正在发生的教学活动,以及这些教学活动背后的理论、假设进行积极、持续、周密、深入、自我调节性的思考的过程。"①美国学者波斯纳认为:"没有反思的经验是狭隘的经验,至多只能成为肤浅的知识。"可见,反思是教育教学活动中极为重要的一环。因此,我一直都保持着写工作日记的习惯,每天复盘当天的教学、工作脉络,反思其中做得好与不好的地方,及时记录课堂上的奇思妙想、学生的表现反馈及老师间交流时的思想碰撞、阅读书籍时的感悟启迪等,一来能扬长避短,避免重复犯错,尤其是一些细节上的失误,打造精品课堂;二来也可以积累素材,为撰写研究论文打牢基础。

美国学者波斯纳曾经提出的教师成长公式,即"成长＝经验＋反思"得到很多人的认可。因此,作为新教师,既要埋头苦干,也要抬头看路,做到"吾日三省",及时梳理总结,在教学实践中提高,在反思总结中成长。

(三) 做 1 000 道好题

日常教学中命制试题是教师的基本功与必修课。记得刚参加工作的时候,我最羡慕的就是科组老教师们甄别挑选题目时精准独到的眼光。为了尽快向她们靠拢,我当时选择了一个"笨"方法,就是每天坚持将备课组从各类教辅中挑选的题目逐题逐字敲打到 Word 文档里,进一步整理归类。通过辛勤地"码字敲题",我对这些题目之所以会被备课组选中有了更深刻的理解,开始明白"题感"为何物。之后,在一位前辈的指点下,我又花了一个暑假的时间认真比较分析了近十年来各地的中考、高考试题,再回头去看上一年备课组老师所选的教辅模拟题,一下子就嗅出了好题的味道,顿悟出了好题的配方,有种拨开迷雾见庐山的感觉,可以独自操刀选取与不同层次学生能力相匹配的训练题目,也能够举一反三对题目进行拆解,灵活转化应用,驾驭题目能力不断提高。

高水平的命题能力需要教师的知识储备和专业素养作为支撑,这种能力对

---

① 申继亮.教学反思与行动研究:教师发展之路[M].北京:北京师范大学出版社,2006.

于初出象牙塔的师范生而言是相对薄弱的。因此,新教师要有"要想学生不题海,自己必先入题海"的觉悟,把能搜刮到的相关题目都认真做一做,品一品,可以整理成精品题库,做到手中有粮,心中不慌。

(四) 建1 000个学生档案

正所谓教学相长,学生是教师成长路上最值得阅读的一本书,一本贯穿整个教学生涯都需要用心研究的书。每一位学生都是独一无二的鲜活个体,都是具有主观能动性的学习主体。因此,在教育学生的过程中,态度上要一视同仁,策略上却要因材施教。这中间不能笼统地仅凭"印象"判断,而要用凭据说话。这就需要教师尤其是班主任为每位学生建立档案,详细记录该生学习成绩、在校表现、兴趣特长、性格特点、家庭情况及在校故事等相关信息,实时更新,仔细分析,灵活运用,解决相关问题或引导教育学生时才能拟定更有针对性的策略,做到一人一策、一事一策,陪伴学生健康成长。

很多老师感叹,现在的学生越来越难教了,自己也越来越不会教了。想要避免"不会教"的窘境,就要尽可能多地掌握学生的相关情况,而不能仅仅局限于学习成绩。所以,教师在与学生接触过程中,要多观察、多记录、多思考,多从正向角度去看待学生的一些小过失。通过建档分析,可以推断出现小状况的学生的具体原因,比如成绩突然下降、最近总是迟到等,通过因势利导,对症施策,及时帮助他们调适状态,更好地投入学习。新教师实践经验相对匮乏,可以通过大量阅读找到帮助学生的方法,所以新教师除了重视教育学方面的理论学习之外,平时也可以多学些心理学、社会学、法学等其他学科知识,拓宽知识面,丰富个人知识体系。

二、善抓机遇,促成质变

常言道,量变引起质变,只有不失时机才能促成飞跃。迈过"量"关,新教师怎样才能迎来教师生涯的质变呢？最根本的莫过于把课上好，教好学生。这是教师安身立命、行为世范之本，切忌本末倒置、迷失方向。那么，除此之外，还有哪些机遇需要抓住呢？我们认为，新教师可以通过比赛、科研、写作等方式创造更多机会，实现龙门一跃。

(一) 以赛促练，锤炼本领

现实中，我们可以看到不少牛人都有过一战成名的经历。可以说，比赛是检验个人综合素质的试金石。所谓"台上一分钟，台下十年功"，通过参加一些说课赛课、专业技能比拼、演讲等赛事活动，新教师有机会在一个高强度、高压力的环境中有效整合转化自己的理论储备和实践积累，锤炼本领，快速成长。期间，在与对手同台竞技中看到自身不足与努力方向；在与评委交流互动中发现自身亮点与专家风度。

机会总是垂青于有准备的人。因此，平时可以多关注学校、教育部门、权威期刊等官方平台资讯，看到感兴趣的比赛便马上着手准备，先干起来再说，比如撰写教案、录制微课等，反复操练，不断打磨，用最好的作品、最好的状态去为自己喝彩。不用担心强手如林，要有"初生牛犊不怕虎"的胆色；不要纠结时间有限，要有"为伊消得人憔悴"的决心。当然，也不能盲目贪多，什么比赛都想参加，人的精力毕竟有限，要有的放矢，适当聚焦，用有限的精力收获无限的成长。

(二) 科研引领，专业发展

教育科研是以教育科学理论为武器，以教育领域中发生的现象为对象，将教育教学中所遇到的困难疑惑作为研究方向，采用科学的方法、规范的形式来探索，以认识教育规律为目的的创造性活动。教师通过参与教育科研活动，可以为教育教学困惑提供解决思路，为解决棘手问题提供理论指引。可以说，教育科研是促成教学实践向理论转化的桥梁，也是提升专业水平的有效途径。

因此，新教师要有一颗刻苦钻研的心，灵活运用前面提及的四个"1 000"，及时将学校里生动、鲜活的教学经验等通过理性升华,形成课题研究素材库。但是,不得不说,科研是门技术活。刚开始时可以先尝试申报门槛相对较低的校级课题或者跟着其他老师参与更高级别的研究,找找入门的感觉,熟悉相关方法技巧,逐步形成科研引领教学的意识,为之后独立主持课题研究打好基础,努力做一名研究型教师。

(三)笔耕不辍,提炼成果

在移动互联网时代,写作能力有多重要?无需赘言。罗振宇曾说过:"写作能力是构成未来社会最重要的资产——影响力的两个核心能力之一。"而教育论文是教师对教育现象、教育反思的呈现,是课题研究的重要成果之一。作为一名教师,如果能写得一手好论文,自然是众人钦羡,为职业生涯增色不少。

论文不是"写"出来的,论文是"做"出来的,是自己日常教学所思所想经过研究与实践之后的文本呈现。这是我对教育论文写作的最大感受。回想起刚工作第一年,几乎所有的课例都是复制师傅的,虽有思考,但少创新。之后随着工作年限的增加,对日常教学也有了更多的反思与沉淀,开始参与一些课题研究,自己逐渐探索形成"核心词"教学法。在付诸教学实践同时,及时提炼相关案例经验,撰写论文《基于核心词的思想品德教学操作》,获得了广州市论文评比一等奖,并在《中学政治教学参考》发表,这份肯定也一直鞭策自己更加努力地撰写论文,不断丰富自己的教育教学思想。

当然,除了每年严格要求自己至少撰写 1—2 篇高质量的教育论文积极参赛或投稿之外,平时也可以写写教学感悟、教学故事、生活志趣等文章,记录思考轨迹,感受生活点滴,不亦说乎?

三、巧用平台,助力成长

小米创始人雷军说过:"站在风口上,猪也会飞。"可见,平台的重要性。生活中,个体如果能巧妙借助平台的力量,往往能取得四两拨千斤之效。因此,在勤奋刻苦、焚膏继晷同时,千万不要忘了用好身边的一些平台,助力成长。

(一) 善用资源,常学常新

一定频次的持续性培训学习是知识更新、技能升级的有效手段。目前,面向教师的学习平台资源很多,仅仅是教育系统搭建的就有校本研修平台、继续教育平台、教师教研平台等,还不包括市面上的一些比较火的课程平台。对于教师而言,紧跟时代潮流,及时更新大脑知识储备,学习显得尤为重要,因此,要好好地利用起来,合理地盘活这些资源,可以通过对比分析各个平台的差异,挑选符合自身学习习惯的平台,每天投入一定的时间进行学习,丰富知识结构,保持大脑活力。

此外,学校或者各级教育部门每年都会组织一些线下培训交流活动,可以时不时关注一下学校、教育局等官方平台资讯,看到感兴趣的培训活动可以尝试着争取一下,给自己创造更多的精进机会。譬如广州市每年都会开设一些为期一周或者两周的专项学习活动,以期提高教师的专业素养。这些培训项目都接受自主报名,其受欢迎程度丝毫不亚于"双十一"的秒杀款,通常要抢得及时才能赢得心头好。

(二) 名师引领,见贤思齐

"名师工作室"是近些年来出现的教师教育的新形式,通过发挥名师的榜样作用和团队作战的优势,从而促进教学改革,推动教师专业化发展。每年,各级名师工作室基本都会有招新安排,借助工作室的平台,有机会接触更多行业内的优秀伙伴,有机会聆听一些专家大师的真知灼见。初入职场,不要看到名师们荣誉等身就望而却步,当有机会加入心仪的名师工作室时,就要大胆地申请。如果成功加入工作室成为学员,便可以走近你所崇拜的名教师,了解名师的成长之路,学习名师的优秀品质,走好自己的成长之路。

有的老师会觉得加入工作室会有其他额外的工作，给原本繁重的教学工作增加了负担，不愿意参加或者应付参加。殊不知，名师平台中专家的引领、团队的支持、严格的考核，给你的专业成长提供动力与约束，鞭策你更快成长。

(三) 适度跨界，多元发展

我之前看过这么一个段子：现代社会对教师的要求越来越高，要上得了课堂，跑得了操场；批得了作业，写得了文章；开得好班会，访得了家长；劝得了情种，管得住上网；解得了忧伤，破得了迷惘……虽有几分戏谑，但也将教师日常工作描绘得形象生动。这就要求教师在不断提高专业素养的同时，必须要有主动跨界，努力多学点的觉悟。只有见多识广了，才能更好地与学生无缝交流，谈到点上去。

我有时候会利用节假日时间去听讲座、逛博物馆或者参加一些公益志愿活动，通过这些方式培养自身的多元思维，只不过，需要注意的是，跨界是为了更好地服务教学，凡事都要张弛有度，不宜过分投入，得不偿失。

总之，成长是一项系统工程，需要讲究策略方法，需要投入时间精力，需要持续性地踏实行动，不管是新人还是新秀，都要时刻保持求知的欲望，都要时刻求"新"。心在哪里，智慧就在哪里。当你专注于一件事情后，你会发现生活处处有启发。一部电影可能成为你班会课的活动资源，一个节目可能成为你创新授课形式的灵感来源……这时候，你会发现成长就是自然而然发生的事情。光阴倏忽一瞬，你还是你，但你已不是你。

第三节 现实案例分析

一、案例：学习中破蛹化蝶——记我的专业成长之路[①]

时光如水，淡然流逝。转眼从教已有六个年头。回眸远眺，看着一路走来时的脚步，有苦，有甜，也有遗憾，有收获。有人说："成长是一种痛并快乐的过程"，也有人说："成长是一种美丽的疼痛"，而我想说："成长其实就是一个在不断地学中破蛹化蝶的过程。"

我的成长在三小起步，一间小小的办公室，一个亦师亦友的她。初识于2009年8月，一个分进三小，一个调进三小。彼此初来乍到，又分在同一个办公室，渐渐熟络以后，无意间欣赏了她厚厚一叠奖状，论文、公开课、讲座一张又一张，也知道了她曾获得宁波市教坛新秀一等奖，那时的我崇拜、羡慕之情溢于言表。那以后，我的心突然有了努力的方向，有了努力的目标，有了努力的动力——我也要成为那个"她"。古人云："近朱者赤，近墨者黑。"每天的耳濡目染，我知道她的成绩不是一朝一夕就能取得，我开始有意识地留心教学，每学期期初都会为自己制定一个可实践的发展目标。

[①] 本案例节选自董吉旺老师发表在《中国学校体育》2016年第10期上的《学习中破蛹化蝶——记我的专业成长之路》。

第一次执笔写论文那是在2009年工作后的第一个学期，学校要求我们参加慈溪市教育学会学校体育研究专业委员会论文评比活动。写些什么好呢？正当我一筹莫展时，坐我对面的龚老师给我出了一个主意，"你就写你是怎么集合整队的？"那时我正教一年级体育，每天为集合整队想尽各种招数，想要提高学生们的练习兴趣，而我每每试验成功都会和龚老师分享自己的教学成果。在她的帮助下，《小学一年级队列队形教学方法》在评比中获得了三等奖。接着在沈草老师的指引下，我重新对文章进行整理和修改，抱着试一试的态把文章投到了《中国学校体育》投稿平台上，半个月后突然惊喜地发现——我的处女作被录用了，此文最后发表在2010年的第1期。第一次投稿的成功经历给了我无穷的自信心。从教第6个年头，我已有9篇文章分获慈溪市及以上一、二、三等奖，并且已有6篇论文得以发表。

第一次执教市级公开课，是2011年3月14日。那一天面对全市前来观摩研讨的70多位同行，有些许的紧张、些许的兴奋，还有些许的期待。为了能更完美地展示自己的能力，我一次次地写教案，一次次地试教。每一次备课我都一字一句地斟酌，有时会为了某一环节的设计而苦思冥想，有时也会因想到某一个点子而兴奋不已。功夫不负有心人，此课得到了专家和同行们的肯定，这更加坚定了我要一步一个脚印继续认真上好每一节课的决心，这也为我日后的业务发展搭建了锻炼的平台。

接着就有了第一次参加宁波市义务教育课堂教学"精品课"录像课评比的难忘经历。参加市里的选拔赛，一个环节接一个环节，虽然很辛苦，却忙得不亦乐乎。可正当为能参加比赛而欣喜不已时却意外发现自己怀孕六周了，继续或放弃？事实证明，宝贝的突然降临也给我带来了好运，我的录像课《立定跳远》获得了第三批宁波市义务教育课堂教学"精品课"，全宁波市体育课仅此一节。

有了一定的经验和积累，就有了第一次的教学实践评比。在这特殊的日子里，领导们、师傅们和同事们的支持和帮助给了我无穷的力量和信心，帮助我排除万难最后脱颖而出，顺利拿到了进入市优质课评比的通行证，并在慈溪市优质课评比中荣获一等奖。次年,我又参加了城区教坛新秀、慈溪市教坛新秀评比,只获得二等奖。此次比赛的失利,让我渐渐明白做任何事结果并不是很重要,而不断学习的过程才是最重要的。犹如登山观景,沿途山坡的美景只有经历过的人才能看得见。慢慢地我调整好了心态又重新整装待发,开始为宁波市级的展示课而累并快乐着。最终该课的教学设计获得了2014全国体育教学课时计划优秀成果评比一等奖。人生需要储备!竹子用了4年的时间仅仅长了3厘米,但却在第5年开始,以每天30厘米的速度疯狂地生长,仅仅用了6周的时间就长到了15米。其实,在前面4年,竹子将根在土壤里延伸了数十平米。做人做事亦是如此,不要担心你此时此刻的付出得不到回报,因为这些付出都是为了扎根。

在我的成长路上,总有那么一些师傅们、同事们在引导着我,激励着我,师傅们的引领,让我少走了很多的弯路;同事们的助力让我无后顾之忧,这6年来我所取得的一点一滴的成绩,都离不开他们的真情帮助。无论是写文章还是上课,我都喜欢与各学科的教师聊聊,交流过程中可以碰撞出智慧的火花,可以捕捉到奇妙的灵感,可以发现未曾想到的领域。他们以自己学科的独特角度来思考你的问题,你会从中获益良多。教案备好了,教学语言的组织可以请教语文教师帮忙指导修改,音乐可以请教音乐教师进行把关,教具可以请教美术教师指导制作,音响设备则可以请教信息技术教师帮我调控……一堂课展现的不仅是教师的教学能力,更是各学科间相互协作的成果。

在走走停停之后,感受那一路走来时的弥足珍贵。回头的时候才发现,成长之路其实才刚刚开始,我还将在学习中迎接一次次破蛹,享受一次次化蝶的幸福。

(案例主人公:浙江省慈溪市第三实验小学　董吉旺)

二、案例分析

在教师专业发展阶段相关研究中,极少将教坛新秀列为一个独立的发展阶段。查阅资料发现,教坛新秀是在职教师的一种荣誉称号,一般授予教学实践能力强、教育教学实绩突出、具有较强的教育教学研究能力、在教育教学岗位上脱颖而出的优秀青年教师。通过这一概念可知,教坛新秀不是一个严格的学术概念,而是一种荣誉称号。被评为"教坛新秀"的教师是新教师群体中的优秀分子,是"准骨干教师"。教坛新秀的外在表征为熟练掌握本学科及相近学科的知识体系,熟练掌握教育教学和学生发展规律,熟练驾驭上课、说课、评课、赛课等,课堂教学效率和育人质量得到明显提升,在学校具有一定知名度和影响力。[①]

由于国家层面没有统一评选过教坛新秀,各地方在评选教坛新秀的方式和标准等方面也各不相同,因此在选择教坛新秀研究对象上并不容易。在反复查阅文献和访谈身边优秀青年教师后,确定了一个大概的标准:一是具有代表性。教师专业成长存在自身规律,教坛新秀也是如此。教坛新秀作为青年教师,既有初为人师的兴奋,更有面对教育现实的困顿与不安。因此首先排除一些过分强调个人天赋的材料。二是文字可读性强。优先选择个人自述性材料,因为个人自述才能将个体丰富的成长历程娓娓道来。经过反复对比,董吉旺老师的教坛新秀材料成为了首选。

董吉旺老师的成长经历折射出新教师成长为"教坛新秀"的艰难探索历程。董吉旺从一名新教师在较短时间内实现了个人的专业发展,在教育教学方面取得了许多成绩,究其原因是积极发挥个体能动性和良好外界环境支持的交互结果。从具体来看,影响新教师成长为"教坛新秀"的主要因素包括以下几个方面。

1. 善于模仿

模仿对于缺乏经验的新教师而言至关重要。模仿是所有新教师的一种本能性反应。几乎所有新教师在教育教学过程中都会有意无意的模仿曾经的教师,身边的同事,网上的名师等。这种模仿包括语言模仿、形态模仿,甚至包括

[①] 杨鸿,周永平,朱德全.适应与超越:教师专业发展的梯度与理路[J].课程.教材.教法,2017,37(06):86-93.

思维方式的模仿。但是新教师不能止步于简单地、无意识模仿,而应该将模仿推向显性化和系统化,而模仿显性化和系统化的一个具体策略是在工作环境中选择模仿对象。董吉旺老师的模仿对象就是与她一同进入学校的另外一位教师。由于另外一位教师是调入学校,在其他学校已经成长为教坛新秀,已经积累了丰富的经验。选择身边的模仿对象具有以下几个优势:第一,可以激发动力。选择身边的模仿对象可以将教育理想和教育图景具体化,相当于给自己设置一个看得见、摸得着的目标,这种目标能够极大激发个体的能动性,激励个体持之以恒的为之努力。第二,可以系统深入的模仿。由于新教师与模仿对象处于同一教育场域下,并且朝夕相处,新教师可以反复的、深入的进行模仿,甚至可以持久深入互动交流。

需要指出的是,模仿是新教师专业成长的第一步,也是实现专业快速成长的加速器,但新教师应该警惕过度模仿带来的危害,尤其是在成为教坛新秀以后就应该在模仿的基础上不断创新,在专业熟练的基础上凝练个人特色,形成个人独特的教学风格。

2. 勤于反思

反思对任何教师都具有重要意义,对于新教师尤其重要。新教师刚进入教学岗位,缺乏教育教学经验,而通过反思可以将教学中发生的关键事件、关键经历转化为新教师的教育教学经验,实现教师自我经验的快速成长。此外,一些教育教学经验一旦形成,将具有惯性,会影响教师后续教学行为,甚至有些影响会持续终身。教师通过自我反思可以将一些教学经验进行梳理和检视,发现以往的教育教学经验存在的不足和待改进的地方。

教师自我反思的路径很多。撰写反思日记和发表反思论文是两种比较常见的形式。教师撰写反思日记是将日常教育教学过程中发生的事情和所思所想记录下来。教师反思日记的积累本质上是教育教学经验的外显化。教师撰写反思论文不需要学习消化宏大晦涩的教育理论,而只需要对日常教育教学行为进行反思、梳理,因此,对于新教师而言,比较容易上手。撰写教学反思最难之处在于坚持,需要新教师有持之以恒的韧劲,同时也需要及时的反馈,让新教师能够获得"胜利者"效应。因此,新教师应该适时在撰写自我反思日记的基础上撰写和发表反思论文。此外,新教师撰写出高质量的反思性论文通常是建立在坚持撰写反思日记的基础上。董吉旺老师发表的第一篇论文就是日常中再普通不过的教学行为——整队,后面才能够积少成多,聚沙成塔。

3. 精益求精

从新教师到教坛新秀代表着知识体系的丰富、教育教学能力娴熟,其本质是从合格到娴熟的过程。新教师实现这一过渡需要精益求精的专业精神。新教师经过高等学校的培养和岗前培训,基本上掌握了教育教学基本技巧,基本胜任了教育教学岗位要求。但是新教师对教育教学规律还处于相对比较模糊的认识阶段,教育教学经验还处于低层次,因此需要将存在的问题自我暴露,多次打磨。在新教师成长为教坛新秀过程中,非常需要重视公开课的反复打磨。公开课可以对新教师形成压力,激励新教师做大量的准备。新教师准备公开课的过程本身就是新教师快速成长的过程。新教师在公开课授课过程中会暴露出许多问题,也为新教师成长奠定了基础。董吉旺老师从公开课到精品课,从学校比赛到市级比赛、国家级比赛背后都展现出精益求精的态度,都折射出永不满足的心态。也正是这些公开课形成的压力,激励董吉旺老师快速成长,让董吉旺老师克服一个又一个困难,在自我超越的过程中感受到专业成长带来的快乐与幸福。

在当前背景下,中小学校应该加强对新教师公开课的引领和指导。一是从制度上强化对新教师公开课的管理。对新教师公开课的数量和频率进行规定,避免导致新教师疲于应付。二是加强对新教师公开课的指导力度。学校要安排有经验的教师在新教师公开课准备环节和总结环节进行指导,帮助新教师打磨和总结公开课,真正发挥公开课在新教师专业发展中的作用。

4. 学会借力

新教师专业发展既需要个体的努力,也需要巧妙借力周围的环境。新教师自我经验生长的来源除了需要个体积极投身教育教学实践获得直接经验外,也需要通过书本和同事获得间接经验。总之,新教师要积极从周围环境中汲取养分,以实现自我成长。学会借力既是一种积极主动的精神,也应表现出谦虚好学,虚心求教的态度。通过董吉旺老师的成长历程可以看出她是一位非常善于借力的新教师。董吉旺老师曾经说过,"正当我一筹莫展时,坐我对面的龚老师给我出了一个主意","无论是写文章还是上课,我都喜欢与各学科的教师聊聊,交流过程中可以碰撞出智慧的火花",这都说明董吉旺老师非常善于借助其他教师的智慧,是一位善于借力实现自我发展的新教师。

5. 专业自主

教师通过何种方式实现其专业发展,归纳起来主要包括两大类型:一是外在的推动式发展,即"他主"方式;二是内在的主动式发展,即"自主"方式。① 新教师在成长初期,基本上是以"他主"为主要方式,也就是由教育行政部门和学校布置的任务为驱动。"他主"的新教师专业发展在日常主要表现为论文、公开课、荣誉称号的评比。"他主"的新教师专业发展模式在新教师职业初期发挥非常重要的作用。需要注意到是,新教师成长为教坛新秀,需要从专业"他主"走向专业"自主"。按照自我决定理论的观点,自主、胜任、关系三种需要是人的基本心理需要,只有满足三种基本心理需要,个体才能产生内部动机。从新教师转变为教坛新秀,已经比较熟练掌握教育教学技能,也能娴熟处理与学生、同事等的人际关系,三种基本心理需要中的胜任需要和关系需要基本得到满足,自主需要愈发凸显。因此,在日常教育教学中,应该赋予教坛新秀更多的专业自主权,引导教坛新秀提升到内源性的专业自觉层次,尽快提升为骨干教师。

综上所述,新教师是教师专业发展的一个分水岭,一部分成长为教坛新秀,一部分则甘于平庸。因此,应该重视新教师专业发展,积极引导新教师从善于模仿、勤于反思、精益求精、学会借力四个方面尽快成长为教坛新秀,并且通过进一步提升专业自主成长为骨干教师。

---

① 杨晓奇.论"他主"与"自主"契合的教师专业发展[J].中国教育学刊,2015(10):93-98.

第五章 骨干教师

骨干教师是教师队伍中的优秀分子,是学校教育教学工作的核心力量。成为一名受到师生喜爱,能够出色地完成教育教学任务的骨干教师,是社会和学校对每一个教师的殷切期待,也是每一个教师努力奋斗的重要目标。那么,具备什么样条件的教师,才能当之无愧地被视作骨干教师呢?也就是说骨干教师的主要特征是什么?如何才能成长为骨干教师?

第一节　骨干教师的主要特征

早在 1962 年 12 月,教育部颁发的《关于有重点地办好一批全日制中小学校的通知》中出现了"骨干教师"一词。骨干,词典的定义是比喻在总体中起主要作用的人。所谓骨干教师是指在教师群体中,职业素质较高,教育、教学能力较强,学有专长、教有特色、研有成果,在教育、教学、管理、教研中取得明显的成绩,产生良好影响并发挥了骨干示范作用的教师。骨干教师是学校师资队伍的中流砥柱,是学校教育教学工作的核心依靠力量,他们在促进教育教学质量提升和推动学校发展中发挥极其重要作用。因此,充分认识和把握骨干教师的特征及作用,并依托骨干教师自身的优势,发挥他们对周围教师的引领与辐射作用,以此来促进教师的专业发展具有重要的意义。一般来说,骨干教师应当具备以下主要特征:

一、具有优良的职业道德素养

教师是人类灵魂的工程师,是人类文明的传承者,肩负着提高民族素质,培养社会主义事业的建设者和接班人的光荣使命。正因为教师职业和使命的特殊性,时代与社会对教师的职业道德修养也提出了更高的要求。而作为教师群体中优秀分子的骨干教师,自然应当进一步提升自己的职业道德素养,落实立德树人目标,以德立身,以德施教,努力做新时代的师德楷模。

教师职业道德,简称师德,是指教师在从事教育劳动时所应遵循的行为规范和必备品德的综合,是调节和处理教师与他人、与社会等关系时所必须遵守的基本道德规范和行为准则,以及在此基础上所表现出来的道德观念、情操和品质。它伴随着教师这一职业的产生和发展而产生和发展,在很大程度上直接影响着教师在其职业活动中的行为。因此,对于骨干教师来说,深刻了解和掌握教师职业道德规范,并将其作为自身行动的准则,使自身拥有高尚的师德,则是最根本的一项要求。这一要求主要包括四个部分:一是对待学生的道德。骨干教师要关心爱护学生。严慈相济,诲人不倦,真心关爱学生,严格要求学生,做学生的良师益友。二是对待所属群体同事的道德。作为骨干教师,必须与其他教师相互信任和尊重,协同工作,共同发展。三是对待教育事业的道德。骨干教师必须对自己从事的工作和事业有着坚持不懈的追求,具备坚定的职业信念、专注的职业精神、强烈的责任感与使命感等,爱国守法、勤勉敬业,依法执教、乐于奉献,真正担当起教书育人的神圣职责。四是对待自己的道德。骨干教师必须加强自身的品德修养,进一步提高自己的思想境界。严于律己、诚实守信、谦虚谨慎、表里如一、为人师表、以身作则等都是骨干教师必须具备的最基本的品质。

二、具有合理的知识结构

结构决定功能。人才的功能依赖于他具有合理的知识结构。作为一名骨干教师,拥有合理的知识结构是其主要特征之一。所谓合理的知识结构,就是既有精深的专门知识,又有广博的知识面,具有事业发展实际需要的最合理、最优化的知识体系。对于骨干教师来说,拥有合理的知识结构,不仅是顺利完成教育教学任务的的必要条件之一,也是不断提升和发展自己的重要基石。著名学者林崇德、申继亮从认知心理学观点出发,认为教师知识包括本体性知识、条件性知识、实践性知识、文化知识四个部分。

（一）本体性知识

教师的本体性知识是指教师所具有的特定的学科知识，也即人们所熟知的专业知识，是教师实施教学的重要条件之一。教师的本体性知识包括学科概念体系、研究方法、研究工具及学科的历史演变、现状和发展前景等，这是知识的核心部分。教师只有精通所教学科的基础性知识和技能，熟悉学科的基本结构和各部分知识之间的内在联系，了解与该学科相关的知识，学科的发展动向和最新的研究成果，以及学科领域的思维方式和方法论，融会贯通，才能变为自己真正的精神财富。

（二）条件性知识

条件性知识是指教师所具有的教育学和心理学知识，它对本体性知识的传递起理论支撑作用。能否掌握教育科学理论，懂得和运用教育规律，是教师能否提高教育效益的一个重要条件。教师要在课堂中落实有效教学，提升课堂教学效益，这就要求教师必须有良好的教育学、心理学的知识修养，懂得青少年身心发展的一般特点、个性和品德形成的一般规律以及如何根据这些特点和规律实施有效的教育。

（三）实践性知识

实践性知识是教师在开展有目的的教育教学活动过程中解决具体问题的知识，是教师教育教学经验的积累和提炼。实践性知识主要来源于课堂教育教学情境之中和课堂内外的师生互动行为，带有明显的经验性、情境性、个体性，体现出教师个人的教育智慧和教学风格。多数实践性知识是难以用语言准确表达和传递的，需要教师在教学的实际过程中，通过对自身实践活动的体悟和对优秀同行教师的不断观察和接触才能够逐渐汲取和习得。若想成为一名骨干教师,这种实践性知识的获得与充实是必不可少的,它与教学的质量和效果有着密切的联系。

(四) 文化知识

教师的文化知识,也称之为教师的通用性知识。骨干教师要在通晓一定专业知识的前提下,拥有丰富广博的文化知识。首先,因为随着科技的迅猛发展和人类知识进化步伐的加快,知识的总量大为增加,知识的更新周期大为缩短,学科之间相互渗透、交叉、互动也愈益明显,学科呈现综合化的趋势,教师必须适应这一趋势。其次,教师的工作对象是未成年的学生,他们都具有强烈的好奇心和非常旺盛的求知欲,对各个方面、各个领域的知识都充满深厚的兴趣。因此,教师只有具有广博的文化知识,拥有宽广的知识面,才能扩展学生的精神世界,激发学生的求知欲,促进学生的全面发展。

三、具有优异的教育教学能力

教育教学能力是教师职业的基本要求,是教师专业发展的职业能力所在。骨干教师应当具有优异的教育教学能力,高超的教学艺术,显著的教学效果。教师的教育教学能力主要包括教学设计能力、教学实施能力、教学评价能力、课程开发能力四个部分。

(一) 教学设计能力

教学设计是人们主要依据教学理论、学习理论和传播理论,运用系统科学的方法,对教学系统各要素和教学环节进行分析、计划并做出具体安排的过程,它是各种科学理论在教学活动中的实践与应用。教学设计是开展教学活动的前提和基础,它为教学活动的实施提供了可靠的蓝图。教学设计能力是决定课堂质量的关键,是教师不可或缺的教学能力。课堂教学设计能力分为如下七个维度：理解分析学生能力、教学目标编制能力、教学内容重组能力、教学过程设计能力、教学策略选择能力、弹性设计能力。

教学设计的主要特征在于创设一个合理的教学系统，通过教学系统的实施来促进学生的学习。当前，不同的教学设计理论从不同的角度回答了"为什么教"、"教什么"、"怎样教"以及"教到什么程度"的问题，形成了不同的教学设计模式。不管模式如何，具体操作的流程如何，教学设计的意义在于追求教学效果的最优化，不仅关心教师如何教，更关心学生如何学，注重将人类对教与学的研究结果和理论综合应用于教学实践。

(二) 教学实施能力

教学实施是指教师如何安排课堂教学过程，它是整个教学的核心组成部分。教学实施能力是指教师在一定的教学时空，积极有效实施所设计的教学计划，并能根据具体情况控制教学情境生成教学活动的能力。它包括把握教学目标、灵活运用教学方法、组织课堂教学、创设教学情境、教学机智等。教学实施能力就是保证教师在教学过程中按照教学任务的设计尽力去实施各个教学环节和要求，来实现预定的教学目标。所以说，教学实施能力是决定课堂质量的重要保证。

在核心素养背景下，教师在进行课堂教学实施时要转变教学方式，由"知识中心"转向"素养中心"，由"抽象知识"转向"真实情境"，由"教师中心"转向"学生中心"，切实推进学科核心素养在教学中的落实转化。

(三) 教学评价能力

教学评价是依据教学目标对教学过程及结果进行价值判断并为教学决策服务的活动。它一般包括对教师、学生、教学内容、教学方法、教学环境、教学管理等诸因素的评价，但主要是对学生学习效果的评价和对教师教学工作过程的评价。通过教学评价，可以使教师及时了解自己教学的情况，判断教学的质量和水平、成效和缺陷等。

全面客观地进行教学评价,不但可以帮助教师对自己的教学情况有一个准确的判断,而且也对教师具有重要的激励和鞭策作用。教师可以根据评价信息,把一些好的做法、成功的经验延续和发扬下去,同时,牢牢记取一些失败的教训,及时修订原先的工作计划,调整自己的教学行为,从而更加有效地达到目标。总之,具备教学评价的能力,以准确了解、把握和不断改进自己的教学工作,对于任何一个教师,尤其是对于骨干教师来说,是一项必不可少的要求。

(四) 课程开发能力

新课改把课程的范围大大拓展,课程的类型也多样化,课程资源丰富多彩。在新课程的实施中,教师可支配的因素增多,课程内容的综合性、弹性加大,教材、教参为教师留有的余地更大,教师可以根据教学需要,采用自己认为最合适的教学形式和教学方法,决定课程资源的选择、开发和利用。因此,骨干教师不再简单是课程的忠实执行者,其本身就是课程的参与者和开发者。这种开发首先是对国家课程精准化实施、地方课程的校本化、生本化加工,使之更符合本校的特点和自己学生的需求;其次是具备校本课程开发的能力,即能够在合作的前提下,系统地设计、编制彰显学校特色的校本课程。

四、具有较强的创新能力

在知识经济时代,创新决定着一个国家和民族的综合实力和竞争力。在诸多的影响创新教育质量的因素中,教师始终是关键性的影响因素,教师的创新品质对学生具有榜样和示范作用。只有具备创新意识和教育创新能力的教师,才会精心设计和选择采用有利于培养学生创新素质的教学方法和组织形式,才能培养出具有创新意识、创新精神和创新能力的学生。因此,具有较强的创新能力,也是骨干教师的主要特征之一。

教师的创新能力是指通过现代教育观的引导，教师能在教育教学方面进行探索和进行科研实践活动，并且创造出与教育教学规律相符合，能够产生正面效果的新理论、新方法的能力。教师的创新能力主要体现在教育创新和科研创新两个方面。

（一）教育创新的能力

教师的教育创新能力，体现在教育观念创新、教学模式创新、教学内容创新、教学方法和手段创新等诸多方面。

1. 教育观念创新

新的教育观念是推动教育改革的根本因素，是教育发展的根本动力。而教师的教育教学观念又直接决定着教师自身的教育教学行为。因此，作为一名骨干教师，必须具有现代的教育教学观念，树立科学的教育价值观、课程观、教学观、人才观、质量观和学生观。只有这样，我们才能更好地指导自己的教学工作，才能促进教师的专业成长。

2. 教学模式创新

创新人才的培养是一种新的人才培养模式。作为教学改革的研究者和实践者的骨干教师，不仅需要具备现代的教育理念，还要在教学实践中不断探索新的教学模式。例如，北京市特级教师吴殿更探索出了适合全学科的促进学生核心素养提升的"3学2导1达标"生本课堂教学模式。生本课堂的本质特征是，以"生命为本"的自由课堂，以"学生为本"的主体课堂，以"生动为本"的活力课堂，以"生长为本"的发展课堂。生本课堂的六要素是："3学"即自主学习、合作学习、探究学习；"2导"即导学习方法、导人生生活；"1达标"即让学生的知识、能力、情感当堂达标，不给学生增加课业负担。

3. 教学内容创新

教学内容创新是进行创新教育的基础和保证。因此，教师要确立"授课而非授书"的思想观念，进一步优化整合教学内容，拓展课堂教学空间，落实核心素养。一方面教师要通过对目前学科教学前沿状况的了解和掌握,及时吸收一些新知识、新材料、新观点,并提出自己的一些独到见解,以实现教学内容的常讲常新。另一方面教师还要善于把学生既有的学习经验和生活经验带入课堂,从而使课堂不再是灌输知识的场所,而是思考、发现和探究的认知建构的地方。学生通过课堂获得的经验超越了典型教材的限制,学习被赋予了不同的意义,不再只是对知识与技能的掌握。

4. 教学方法和教学手段创新

教学方法和手段创新的根本宗旨是培养学生的创造品质。传统的"填鸭式""满堂灌"的教学方法压抑了学生的能动性和积极性,阻碍了学生思维能力的发展,更谈不上培养学生的创新思维和创新能力。教学方法与手段创新的根本宗旨是培养学生的创造性。核心素养要求培养学生的独立自主能力、问题意识、批判思维、合作精神,这需要教师在教学方法上实施能激发学生积极参与、进行交流讨论的形式,如问题教学法、情境教学法、小组讨论法、探究学习法等。教师根据社会需要创新教学方法与方式,与时俱进,能够进一步帮助学生更好地学习知识与技能,吸引学生主动积极地学习。此外,要积极采用现代信息技术和现代教育技术,通过多媒体教学、网络化教学,扩展教学的深度和广度,激发学生的学习兴趣和创新激情。

(二) 科研创新的能力

具有较强的科研创新能力,也是骨干教师的主要特征之一。骨干教师要以开放的心态实现学识的深化,要实现经验型教师向科研型教师的转变,让自己的工作、生活与学习始终处于一种研究的状态,让自己的生命处于不断探索与追求的过程之中,绽放生命的光彩。教师在教学实践第一线,直接接触学生,参与各类教育活动,必然会遇到各种各样的疑难和问题。要善于分析各类问题,将之作为自己的研究对象和课题。要大胆承担各个级别科研课题,在研究过程中,学习新理论、新方法,并运用新理论、新方法去了解、分析、研究教学中的疑难和问题，逐步探索、揭示、掌握教学规律，不断提高自己的教学水平，并且也要不断把研究得出的新认识、新观点、新方法，通过科研报告、论文、论著等文字形式表达出来，在提升自身的同时，交流、推广教科研成果。这种教育研究的过程，实际上是一种教育创新的过程。

五、具有良好的教学风格

一名骨干教师与一般教师的区别就在于他具有良好的教学艺术和独特的教学风格。所谓教学风格是指教师在长期教学实践中逐步形成的、适合自己个性特征的教学观点、教学方法和教学技巧的独特结合和表现。这种风格是衡量教师教学水平的一个重要方面。良好的教学风格则是教师教学成就的重要表现。良好的教学风格需要教师具有自己的教学思想、熟练的教学方法、富有成效的教学过程设计以及独具特色的教学语言。例如，华应龙教师的教学风格是疯狂数学的和谐魅力；王崧舟老师主张语文是精神的语文、感悟的语文、儿童的语文、生活的语文、民族的语文，他提出语文教师要为学生的语言与精神的协同发展而努力，让学生诗意栖居语文的课堂。富有特色的教学风格，呈现出深厚的个性色彩，散发出诱人的魅力。

第二节　如何成长为骨干教师

从一名优秀青年教师成长为骨干教师,有多种成长路径的选择,有些青年教师较早展示出教育管理才能,有些则在课堂教学方面表现杰出,也有些班主任工作能力突出,还有些在赛课或辅导学生竞赛方面的指导能力突出,或在开展教育教学研究方面能力突出。教师不同能力优势让其在不同的岗位表现出专业的杰出性,成长为不同类型的骨干教师,具备不同能力构成,形成不同成长轨迹。

一、骨干教师的主要类型

青年教师能力发展优势的不同决定了其成长路径的差异性,主要包括成长为骨干教育管理者、骨干学科教师和骨干班主任三种类型。清晰不同类型骨干教师的定位、角色和未来发展方向,有利于明确青年教师职业生涯规划方向,促进青年教师专业发展。

(一) 骨干教育管理者

教育管理者可划分为三类,基层教育管理者、中层教育管理者和校级领导(图5-1所示)。学校中层管理者是学校管理人员中的骨干群体,也称之为骨干教育管理者。在学校管理体系结构中,骨干教育管理者处于发展层级的中间段(即中层管理者),其自基层管理者中成长起来,向校级领导负责,承担着学校教务、德育、办公、总务、科研等某方面的管理职责,主要来源于基层的各类教育管理者,包括学科类管理、年级类管理、社团类管理、研究项目类管理等,主要承担的岗位角色包括学科备课组长、学科组长、团委干部、年级组长(级长)、社团负责人、研究项目负责人等。其未来发展将走向校级领导岗位,甚至成为校长。从骨干教育管理者专业发展层级图看,其发展方向指向校级领导,是骨干教育管理者专业发展的再突破。骨干教育管理者的成长突破需要工作积累、历练和发展机遇。每所学校校级领导岗位数十分有限,小规模学校正副校级领导1—3人,大规模学校再多2—3名校级领导(不含集团化办学学校),骨干教育管理者能否在行政岗位上提拔成为校级领导干部,除了有丰富的教育管理经验积累、突出的业务能力和业绩,还需要把握专业发展过程中角色转型突破的契机。

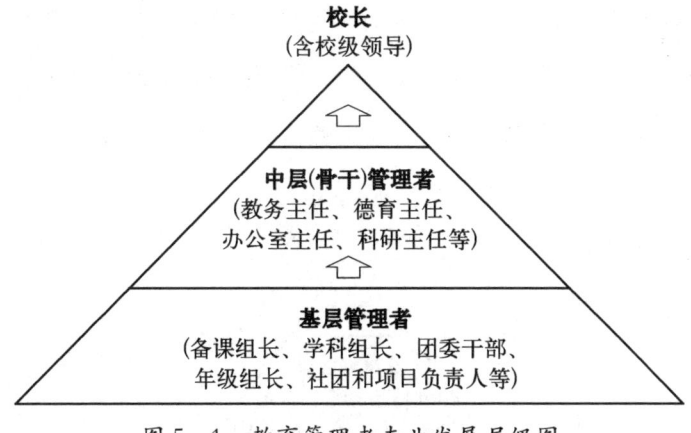

图 5-1 教育管理者专业发展层级图

(二) 骨干学科教师

骨干学科教师也可称之为学科骨干教师,在很多地区教师荣誉体系评选中,通常采用学科骨干教师的表述。学科骨干教师成长可分为四个阶段,从入职教师到成为一名优秀的青年学科教师,从优秀青年科学教师成长为学科骨干教师,再成长为名学科教师(卓越教师),最后成长为教育家型教师(图5-2所示)。在多元教师专业发展实践路径选择中,依托学科教学的能力提升实现个人专业发展是最为普遍的选择。从学科骨干教师成长来看,其中又存在着不同的发展选择路径,主要包括教学型学科骨干教师、赛课辅导型学科骨干教师和研究型学科骨干教师三类。学科骨干教师主要来源于优秀青年学科教师,一般能通过入职阶段的岗位实践和研修学习站稳讲台,成为胜任教学的合格教师。再经过数年的专业发展积累后,一批优秀的青年学科骨干教师展露头角,具备了更优秀的教学技能、研究技能、赛课技能等,形成了突出的教学能力、研究能力、赛课能力,再通过各种教学比赛、研究课题申报、教学改革创新、辅导学生竞赛等方面,取得突出成绩。不同于教育管理者未来发展受岗位职位数量限制,学科骨干教师专注于课堂教学、教学研究或教学竞赛辅导等,其后可逐步成长为学科名师和教育家型教师,且不受行政规定数量限制。当学科骨干教师在教育理念、认知、能力和影响等多方面到达了名学科教师或教育家型教师水平,就会理所当然成为行内认同、社会认可的名师乃至教育家型教师。

图5-2 学科教师专业发展层级图

(三) 骨干班主任

班主任是学校教师群体的重要组成部分,承担着学校班级管理职责,实际上也是基层教育管理者,但是其角色的特殊性决定了教育领域的专家学者将其作为独立主体进行研究分析。从教师专业发展路径看,班主任已然成为青年教师专业成长的重要选择路径,并且较选择从事管理和学科作为发展方向更具有优势。教师自大学毕业进入学校后,一般经过三五年的班主任实践,积累了比较丰富的经验,也取得较好成绩,部分青年班主任会脱颖而出,成为优秀青年班主任。少数班主任通过参加各级班主任能力大赛,把班级管理优秀经验通过竞赛进行展示交流、打磨提升,逐步形成了自己的班级管理和学生针对性问题辅导的方法和策略。这类班主任群体在学校是活跃群体,有着一定的自我发展能力,并且具备了较好的班级组织管理能力、教育引导能力和创新思维,成为骨干班主任的主要来源。骨干班主任的下一阶段发展目标是名班主任,要在已有的能力层次、业务水平、教育影响等基础上,再进一步提升从事班主任工作的专业能力,创设更好方法和策略提升业务水平,扩大教育影响力。要侧重从教育创新能力、自我发展能力方面提升,通过班级管理研究、学生发展研究等凝练教育思想、物化教育成果并积极加强成果应用推广等,致力于将自身打造成为名班主任。

二、成长为骨干教师的多元实践策略

促进教师专业发展力量来自两方面,教师内在成长力量和外在促进力量。鉴于此,对于成长为不同类型的骨干教师,都要充分激发和利用教师成长的内在和外在力量,在促进其成长的实践策略方面考虑内外结合方式。

(一) 骨干教育管理者成长的实践策略

促进基层教育管理者能力提升、角色转型和专业发展层次突破的力量源自两方面,一方面是针对教师自身内生性成长的内在动因,另一方面是针对教师专业发展的外部动因。那么,其实践举措包括自主研修式成长和外部条件创设下的专业发展两个途径。

1. 自主研修式成长

成为一名骨干教育管理者,首先要从基层教育管理者做起,从备课组长、学科组长、团委干部、课题主持人等角色做起。要在实践中成长,在一步一脚印的经验积累、反思和问题解决中成长。要充分发挥教师自身研修学习的主观能动性,通过主题式阅读、项目式研究、实践性学习、探索式学习、反思式学习等多形式获取成长资源,增进自身在教育管理方面的实践知识、实践技能、创新做法,提升自身的业务管理能力,具备胜任解决管理问题和完成管理任务的能力。通过阅读管理专业书籍,充分借鉴和参考前人或者他者在教育管理方面的专业理念、认识、操作模式、评价方式等,并反思内化形成自身的教育管理问题解决方式。以学校德育、教学、课程、科研、办公、后勤等各管理领域具体项目为研究对象,优化管理方式,创新管理方法,提高管理实效,提升自身的管理能力。在实践管理中学习,在探索问题解决过程中学习,在不断的"实践—反思、阅读—反思、项目研究—反思"等过程中学习,能有效提升自身管理能力。

2. 外部条件创设下的专业发展

培训培养是促进基层教育管理者能力提升、角色转型和专业发展的重要实践举措,是通过借外力构建打造骨干教育管理者良好成长环境,从而搭建成长平台,从外向内推动基层教育管理者专业发展。从国家到省、到市和县区,不同层级教育行政管理部门通过加强教育管理后备干部培训培养,致力于打造骨干教育管理者队伍。在培训培养过程中,要充分发挥培训培养功能,通过较长期的系统培养提升基层教育管理者的管理能力,通过短期培训促进基层教育管理者理念、观点和主张的更新和转变。要分类、分层开展基层教育管理者的培训培养,针对德育类、教务类、办公类、后勤类、科研类等,要有系统、有针对性地开展课程设计和组织实施,要把培训培养与管理人员选拔应用关联起来,做到培养人和使用人的统一。寻求并形成学习共同体是促进基层教育管理者专业能力提升的重要途径之一。基层教育管理者通过参加培训培养、专业研修、报告会、研讨活动等,链接校内外、区内外、省内外等不同学校、不同地区,乃至不同省份的同行管理团队资源,在团队中交流,在交流中学习,在学习中成长。

(二) 学科骨干教师成长的实践策略

促进教师专业发展的两个动力来源,一方面是教师自身内生性成长的内在动因,另一方面是教师专业发展的外部动因。那么,学科骨干教师成长的动力来源同样如此,在探索学科骨干教师成长的实践举措中,必然是根据其内在动因驱动下的内发式成长,以及外部动因推动下的外促式成长规律进行策划和策略实施。

1. 内发式成长的实践举措

国内学者指出,骨干教师的成长与培育是一个系统工程,需要多方发力共振,需要良好的外部环境,更需要教师自身成长的内生动力。[①] 从优秀青年学科教师成长为骨干学科教师,要根据自身能力发展特点,结合实际成长需要,进行专业发挥的自我评价,评判自身发展的优势和劣势,并在后期的实践和学习中发挥优势,克服劣势,充分发挥内生动力作用。要通过专业阅读和拓展阅读更新自身专业知识和拓宽自身知识范围,并应用于学科教学和研究实践中。要在学科教学、教研和竞赛辅导等实践工作中不断学习,通过实践不断积累问题解决的方式和途径,发现问题,解决背后普遍规律,形成实践教学智慧,形成自身经验和教学风格。要通过项目研究系统深入开展学科问题分析,探究学科教学和研究规律,解决更具有深度和难度的学科发展瓶颈。正如有学者所归纳,追求高品质教育是骨干教师内生成长的自然诉求,恒久的读书实践是骨干教师内生成长的最佳捷径,交流探讨是骨干教师内生成长的加油站,教学的个性风格

---

① 李新平.简议骨干教师的内生成长[J].新课程研究,2019(09):12-13.

是骨干教师内生成长的自然结果。①

2. 外促式发展的实践举措

培训培养是促进优秀青年学科教师成长为学科骨干教师的重要外部力量来源,也是目前各级行政主管部门和学校打造骨干教师群体的重要实践举措。根据优秀青年学科教师能力侧重点的差异性,培训培养实践要分为教学型优秀青年教师、竞赛辅导型优秀青年教师、研究型优秀青年教师的培训培养,分类组织开展培训培养,提高不同发展类型学科教师的专业能力,促进其成长为骨干型学科教师。在培训培养方式选择上,形式多样,可以采取师徒结对、团队协同、高端培训、教学实践、科研项目、成果推介等②,或高端学习培训、教学实践锤炼、名师结对帮教、梯队协作熏陶、教育科研提升③,也可采取项目制,如"海口市青年骨干教师成长助推站项目"的经验,助推站以大团队、集群式的工作机制,以团队行走助推个体发展,以团队成长促进区域均衡发展。④ 此外,建立骨干教师培养孵化的学习共同体,包括依托建立工作坊、工作站、工作室等方式,为优秀青年学科教师提供专业发展的交流学习平台,链接各类专家资源,通过名师示范引领、伙伴成长激励等促进优秀青年学科教师再成长、再突破。作为优秀青年学科教师,要积极争取各类培训培养契机,主动链接各种专业发展资源,通过外在条件促进自身内在反思,在培训培养和参与各类学习共同体研修学习中提升能力,促进自身专业发展,成长为学科骨干教师。

(三) 骨干班主任成长的实践策略

骨干班主任的成长力量源自于自主修炼和外部促进两个方面,与骨干教育

---

① 李新平.简议骨干教师的内生成长[J].新课程研究,2019(09):12-13.
② 吴乐乐,姜利琼,柏杨.骨干型教师专业发展的定位、方向与路径反思[J].中小学教师培训,2017(05):13-16.
③ 武秀连.骨干教师培养模式实践研究[J].甘肃教育,2019(20):30.
④ 陈素梅.教师集群式成长的创新尝试[N].中国教师报,2017-05-31(014).

管理者和骨干学科教师成长所遵循内、外因发展规律一致。一方面要发挥班主任内在的积极主动性，注重自主修炼提升个人能力和专业水平，另一方面要借用外力促进自身能力发展。

1. 班主任成长的自主修炼

自主修炼是班主任成长的必修课，无论是从事班主任工作的知识储备、技能方法、还是专业能力等，在师范教育课程中所占比例偏小，学科教学是师范教育课程的重点。这就决定了毕业生入职后从事班主任工作，更多地需要通过自己研修班主任管理知识、技能方法和提升能力。而在工作实践中发现，倡导"班主任打造式培养"对于当前小学班主任队伍建设来讲，适用性有所降低。[①] 那么，更突出了班主任成长的自我修炼的必要性和重要性，从某种意义上说，一名优秀或骨干班主任更多是自主生成的。自大学毕业从事班主任工作到熟悉班主任工作，在业务上有了一定的经验方法，再成长为优秀青年班主任，可以通过阅读班主任管理专业书籍、在班主任岗位实践学习中反思、在各类学生问题解决中反思、在组织开展各类班级活动中反思、在与同行交流中反思，丰富班主任管理知识、提高针对学生发展引导技能、提高协调组织能力等。研究分析发现，骨干班主任更侧重于生成管理智慧和实践个性，其不仅仅具备了娴熟的管理技能和方法，在班级管理和学生发展引导上也形成了自己的管理风格和个性，有了一套自主策划和组织实施且有效的班级管理流程和引导学生发展的策略体系。教育风格和个性的形成，要主动写、主动讲、主动研究，在不断写班主任故事、论文和案例中反思提升，在主动讲学交流反思中提升，在班级管理和学生管理研究反思中提升。

2. 班主任专业发展的外部举措

尽管实践研究者指出了，班主任打造培养模式适用性降低，但是培训培养依旧是目前促进班主任专业成长最为重要的实践举措，也是促进班主任专业发

---

① 郝洁.班主任发展支持系统建设的实践与探索[J].北京教育（普教版），2019(12)：56-57.

展最大的外部力量。学者研究认为，培训存在"成长模式"和"问题模式"，前者有利于教师加速成长，后者比较容易激发教师的兴趣。一般说，假期培训、长期培训、骨干培训、提高培训时可应用"成长模式"。① 针对培养打造骨干班主任，理论分析上更应该侧重于采取"成长模式"，系统提升班主任的专业能力水平，为班主任成长创设良好成长环境，搭建持续发展的专业平台，如名班主任工作室、工作坊、班主任共同体等均可成为培养和打造骨干班主任的重要平台。在系统培训培养过程中，要根据实际情况设置培训内容和课程，短期的问题解决式培训和长期的成长引领式培训相结合，既要提高班主任培训学习的浓厚兴趣，更要促进班主任专业持续发展。优秀青年班主任有了一定经验积累和业绩，具备了一定班主任工作业务能力，其成长更要积极利用外部力量，通过参加高质量的培训培养项目，更广泛地链接校内外、区内外、乃至省内外各种名优班主任资源，通过名师示范引领提升专业视野、拓宽实践知识、丰富方法举措等，助力自身成长为骨干班主任。

3. 构建内外结合的班主任发展支持体系

正如实践研究者指出，班主任成长需要内外结合的发展支持体系。要立足校本，一方面要构建学校层面班主任支持系统，让每一位班主任都有实际获得感的支持，可以根据自己的发展节奏、不同阶段的需求获得自主的动态支持；另一方面也有为个人发展保驾护航的团队支持保障机制，丰富有效的团队共建活动引领个体发展。二者构成了学校完善的班主任发展支持系统。② 从骨干班主任专业发展规律看，从优秀青年班主任到骨干班主任，是内在成长和外在促进发展共同作用的结果，激发班主任自主研修和搭建促进班主任成长培训培养须两措并举。作为优秀青年班主任，要充分借助各种外部力量并内化为成长内力促进自身专业发展。

---

① 蒋玉燕.班主任骨干培训的探索与思考[J].中小学教师培训,2007(08):24-26.
② 郝洁.班主任发展支持系统建设的实践与探索[J].北京教育(普教版),2019(12):56-57.

总之,成长为骨干教师是教师发展阶段的突破,也是教师职业生涯角色转型的重要节点,更是追求更高阶段发展的初始,需不忘初心,寻求专业再发展、再突破,最终成长为校级领导干部、名师或名班主任。针对骨干教育管理者,由于其岗位角色的专有性,跨业务范围管理能力相对较弱,这就要求骨干教育管理者要从单一岗位角色能力转向综合能力发展,具备更广泛领域的综合能力,要积极换岗促进自身综合能力提升并成长为校级领导。针对学科骨干教师,要打破骨干教师易安于现状而失去持续发展动力,或缺乏教师专业发展指引而停滞不前的问题现状,对标名学科教师和教育家型教师,要把省特级教师、省市杰出人才或领军人才、国家万人计划名师、人民教育家作为追求的目标,深化教育理念、坚定教育信念、凝练教育思想、扩大教育影响。针对骨干班主任,对标名班主任和省内外知名德育名师,写好骨干班主任自身成长的故事,通过内修外培促进自身成长为区域内乃至省内外具有一定影响力的名班主任。

第三节 现实案例分析

一、案例：骨干教师之"正解"

2005年，小凌老师从肇庆学院思想政治教育专业毕业走出大学校门，走上教师岗位。但是，小凌老师的从教之路并不平坦：从默默无闻的代课老师到民办学校教师，从民办学校教师到连续三年在公招中奋战，最终成为一名公办国家级示范性普通高中教师。在至今十五年的不懈努力与奋斗中，她最终寻得自己的一方教育乐土。15年来，小凌老师一直任教高中，其中担任高三毕业班班主任和政治学科教学工作12年。"广州市荔湾区优秀毕业班班主任"、"广州市骨干班主任"、"广州市骨干教师"、"广州市高考突出贡献奖"……每一项荣誉的背后都是小凌老师15年坚守与不懈努力的写照，记录着小凌老师一路走来的艰辛与坚实，记录着她从一位忐忑迷惘的新人蜕变成稳站讲坛、业务精湛、具有鲜明个性化特点和教学风格的优秀教师。

听，小凌老师为我们讲述她的成长故事：

（一）初入职场路：梦想很远，现实很近

2005年，当我从肇庆学院走出的那一刻，大学毕业的喜悦在求职路上无数次被人拒之门外而洗刷得荡然无存。现实告诉我，在靠名牌大学毕业证书作为进入职场敲门砖的时代,我毫无竞争力,无助而茫然的我虽然一直守着做教师的梦想,并决心一定要走上从教之路,但是当面对现实的无情时,我迷茫了,深感无力。毕业院校普通,自觉资质非优秀之列,投身教师行业之路注定充满坎坷。既然已有准备,我决心迎接命运挑战。我坚信,好运一定不会放弃一个心怀梦想之人。

在寻找工作的艰难过程中,一间区属高中急需代课老师,这是一个锤炼自己,也是让自己踏上从教之路的机会啊!机不可失,我毅然前往应聘,成为了一名代课老师。

但是,随之而来的工作安排并不是我一个初出大学校门的新手可以从容应对的。初登讲台,就是高难度的跨年级教学,同时任教高一、高二,还担任高中班级班主任。毫无教学经验、毫不熟悉教材、对教学常规也很不熟悉,初出茅庐,面对的是比我高大太多的大孩子……压力迎面而来,我该怎么办?好不容易获得的机会决不能轻易放弃!既然如此,只能迎难而上。先天不足后天补!所以从获得教学任务开始,我便如履薄冰,一刻也不敢放松对自身的要求。逐字研读教材,翻阅教学参考书,研究高中课程标准,备课一字不漏,逐句斟酌确保知识准确性是我每天的必修课。大量的工作需要足够的时间支撑,那时的我备课经常会熬到凌晨一二点。为了提升教学基本功,周末在家有时候会长达七八个小时把自己锁在房间里,反复自我训练讲课流程,不断揣摩,希望可以提升授课语言和教学环节的简练性、有效性;思考教学过程中学生课堂活动的组织;思考如何更好的与学生进行对话和互动;思考如何培养学生的学科学习兴趣,激发学习积极性……为了更好地积累经验,每一堂课教学结束后,我都会逼迫自己写下教学反思,发现自己的问题,寻找改变的策略。

要尽快成长,决不能单打独斗。初登讲坛的我,每天除了上课备课,就是奔波于各个老师的课堂,拎着凳子抱着听课本,追着老师听课,向前辈学习,我听他们怎么讲知识,听他们如何提问、如何与学生对话,听他们怎么在教学中进行思想引领,学习他们的板书设计,聆听他们的语言声调,观察他们的肢体语言……听完课后,我追着他们问知识处理的思路、课堂调控的技巧等。第一个学期,我除了上课外,听了近100节课,听课记录记满了整整5本笔记本。

除了多向前辈教师请教、多听课这些常规学习动作外,我还主动地向学校申请任教更多班级,承担更多的教学任务,以便获得更多的教育教学锻炼机会。实践出真知,没有足够的训练,哪来积累与思考呢?

功夫不负有心人!正因为高强度的工作压力,全身心的投入,积极主动的学习,我被任命为学科备课组组长。同时,我与我的学生共同成长着、进步着!我任教的班级从一个期末统考全区排名26攀升到全区第5名。我曾经连续三年带领着所任教的班级和整个备课组在历次区统考中稳居全区第一名。那个时候的我深深体会到:无论是怎样的学生,无论是怎样的教学起点,只要能激发学生的学习激情,愿意去拼,努力地学,都会有无限的可能;哪怕是自己,只要愿意沉下心去钻研,耐心地教,一切皆有可能!同时我也更深刻地体会到提升自身的工作能力,帮助学生领悟学科认知,提升能力,达成梦想,让我慢慢感到幸福与满足!

(二)追逐梦想路:厚积薄发,为梦奋斗

代课老师的不稳定性带给我严重的危机感。我需要在强大自我的同时,寻找可以让我长久与学生共同幸福成长的机会。2010年,我从一名代课老师变成一所民办学校的老师,然后经过教师公开招聘程序成为了一名公办国家级示范性高中的在编教师。

在民办学校任职过程中,我始终坚持课堂第一,为了上好每一节课,我大量阅读,整理学习资源,优化教学环节:从新闻素材到学科教学刊物,从教育教学论文到教育教学著作,从学科教学到教育学心理学,我犹如饥渴的大地吮吸来自大自然的雨露,除了备课、上课、听课,我不断地学习着,希望在工作岗位这一"大学"里实现长足的发展和进步。我做读书笔记,写读书心得,写工作日志,总结和反思每天的教育教学工作得失。

我坚持向前辈和同伴学习。在高中繁重的教学压力之下,我仍坚持每周至少听 2 节同科组老师的课,并且与科组老师研究学情教情,希望学习更多优秀教师的经验。以前我听前辈老师的课,现在,我要自暴其短,我邀请科组前辈听我的课,为我的课把脉找问题。一开始,很多老师不理解我,认为我是自找难受,但是我深知只有暴露自己的问题,多听别人的意见,我才能进步更快,更好地驾驭课堂,提高教学能力。

我坚持做题,提高自己对高考命题的领悟能力。我反复做每年的高考题,参透每一题背后的命题立意、考察的知识能力维度等,要求学生做的我自己首先以三倍五倍的精力去研究。

我坚持写教学日记,如今积累下来,已数不清这些日记记录了自己多少教学心酸事、教学幸福事。

我的公招之路同样充满坎坷。前两年均以落榜告终,直到第三年才如愿以偿。从大学毕业到最终成为一名编制内正式教师,我足足用了 10 年时间。三年的公招角逐让我体会到:作为一名合格的老师,不应仅仅满足于获得教学成果和学生考取的成绩,也应该反思自身的教育理论水平是否符合一名教师可持续发展的需要。立足教育教学不应该只关注课堂教学,还应该提升自身的教育理论水平,提升自己的思维深度;既应该有实践教学实效,也应该具备高水平理论认知能力。公招经历让我重新审视自己,反省自身的很多不足之处,寻找更多继续成长的可能。

(三)坚守梦想路:披荆斩棘,心向未来

终于成为了"正规军"中的一员!成功的喜悦并未让我有半点的懈怠。我深知漫漫教学长征路,不允许自己有丝毫放松。

几年的高中教学,我积累了一定的教学经验,对于学科教学已经逐渐熟练。当第一次接到任教高三的任务以及接下来的两三年继续任教高三时,我的内心充满欢喜,充满期待。从学校的安排中,我感受到学校对自己的充分信任,自己内心也充满对带领学生备战高考挑战的期待,期盼自己能帮助更多的学生在人生重要拐点获得成功。但多年的高中教学,特别是连续多年的高三教学,也让我深感疲惫和不安。面对学校工作安排，每当想要回绝之时，我就不断与自己对话：学校的安排肯定有学校的全盘考虑，不能因为自己的个人原因而让学校工作陷入被动；如果我坚持不上高三，这个重担就要落到同科组的其他老师身上，不能因为自己而增添科组老师的烦恼。因此，每当接受高三毕业班班主任和教学工作之时，我总是安抚自己，再坚持一年，再咬咬牙，困难就过去了。而且多一年高三备考积累，可以更好地研究高考，把握高考备考规律，能为同科组的老师提供更多的参考经验，也能促进自己的专业成长。所以在这种不想放弃、不想认输、不愿麻烦他人的想法下，每一次面临艰巨任务，我都毅然接受学校的工作安排，服从学校工作大局。于是一年又一年的高三生涯就这样挺过来了。

在15年的高中教学特别是12年的高三毕业班教育教学工作中，成长的道路上总有许多意外和困难等着我。

第一，长期担任高三学科教学和班主任工作，压力可想而知，对身心都是巨大挑战。其间，因身体原因入院动了两次手术，但出院后我第一时间投入高三教学和班主任工作中。在班主任工作中，我希望尽快地了解学生情况，能给予他们针对性的帮助和引导，因此每接到新班级的学生，我都会尽可能地进行家访，与学生家长进行面对面地交谈，建立良好的沟通关系。如不能家访，也会通过电话网络等途径尽可能了解学生情况，这样的坚持让我能与学生和家长在最短的时间内迅速建立起坦诚、信任的关系。

第二，因长期在高三任教，没有更多的时间和精力深入学习和研究教育教学的前沿理论，担心自己与新时代教育教学发展要求脱节。因此产生了一定的职业焦虑和不安。

第三，担任高三毕业班班主任和教学工作，关系众多孩子终身发展。因此在繁重的教学压力下，必须尽快熟悉每一位学生，了解他们高中学习成长轨迹，关注高三备考心理状态，这也给我自身带来极大压力。心理学知识和应用技巧的匮乏，让我迫不及待地要涉猎更多的心理学知识。

因此,在繁杂而高强度的工作之余,我不断调整自己的心态,同时也争取着每一个学习的机会,不放弃任何一个提升自我的机会。各级各类的教学研讨活动,我一定参加,并且边听边记,边记边思考。新课程教材培训、高考备考复习研讨会、广州市骨干班主任培训、广州市骨干教师培训课程……每一次的培训学习都让我倍感珍惜,欣赏着同行的成长与成果、学习着前辈的优秀教育教学经验、思考着自己的成长轨迹、规划着自己的教育生涯和未来……每一次的培训都促使我更好地审视自己的成长路,提醒自己、及时调适自己,保持良好的职业心态。

以上便是小凌老师的成长故事。或许是因倔强而执着地坚持,还有不服输的内在驱动,小凌已然成为区域内学科教学的代表人物。高考备考路上,她带领着一届又一届高三学子奋斗在人生筑梦路上!连续多年担任所在区高三政治中心组成员;多次在区级学科教学研讨会中做主题分享,分享高三备考策略、高考备考经验等;在广州市政治教学研讨会中进行学术论文交流;参与并完成广州市级课题《机遇期待视野理论的高中思想政治学习动机激发》研究;主持并完成区级教师小课题《高三政治高效备考之作业有效性探究》并获奖;多次承担市、区级高三政治备考公开课。

(案例主人公:广州市第四中学政治科教师　凌倩瑜)

二、案例分析

时间绝不会辜负每一个努力追梦的人!十五年的成长发展经历,小凌老师完美给出了骨干教师之"正解":骨——啃下硬骨头;干——苦干实干巧干!不断强大自我,引领学子追逐梦想!

"骨干",现代汉语词典释义为:在总体中起主要作用的人或事物。骨干教师,一般界定为:在一定范围的教师群体中,师德修养,职业素质相对优异,有一定知名度、被大家公认的、具有较为丰富的教育经验,在学校的实际教育教学活动中承担了较重的工作量,对教育研究方面有一定兴趣和较为突出的能力,取得过一定的教育教学研究成果,并对一般教师具有一定示范作用和带动作用,能够支撑所在地区或学校的学段或学科教学和教学研究工作的优秀教师代表。

小凌老师的专业成长之路给我们展示了一位怀揣梦想,脚踏实地,积极进取,勇于挑战,迎难而上,永不服输的青年骨干教师的奋斗之路。从一位委曲求全的代课老师,经历十多年的磨砺、塑造与发展,到教学成绩突出,专业能力精湛,在区域内有一定影响力的骨干教师,她的发展道路,给了我们许多可供学习借鉴的宝贵经验。

(一) 坚定的信仰力——坚守教育梦想,目标坚定

信仰是对某人或某种主张、主义等极度相信和尊敬,可以被内化为个人行为准则的价值体系,是建立在理性判断基础上的人生精神支柱。教师的信仰力是教师对教育活动在个体和社会发展过程中的价值及其实现方式的极度信服和尊重,并以之为教育行为的根本准则,是对教育力量的坚信,对教育事业的求索,于教师个人而言可以笃定专业承诺、调控教育行为、激发工作动机。判断一名教师能否突破专业成长桎梏,首要的因素是其是否具备坚定的教育信仰。[①]

小凌老师15年一直追逐在教育梦想的路上,不言悔,守初心,坚实行动,默默坚忍,不断成长,突破自我,勇担重任,不言放弃,决不退缩,最终羽化成蝶,翩然而飞! 小凌老师从名不见经传的院校毕业,走上教育岗位的道路并不平坦。从代课老师到民办学校教师,经过三年公招路才进入"正规军",15年从教生涯中担任15年班主任及12年高三教学工作,期间艰辛非言语可诉说道尽。无论什么样的身份,肩挑重任的她,始终没有动摇自己的教师梦想。她以高度的职业自觉,勤勤恳恳的工作态度,求真务实的工作作风,坚定地走在追逐自己梦想的道路上。正因为她对梦想的执着,对教育事业的挚爱与深情,才能在专业成

[①] 尧新瑜,朱银萍.自我发展力:教师专业成长的内核动力[J].教育发展研究,2015(z2):113-116.

长过程中披荆斩棘,一路向前。每当遇到困难或挑战,她都以积极的自我暗示说服自己,坚持一下就过去了。因此每当面对连续的高三教学工作安排,中途接手班主任工作,虽深知万般艰难,但都因为热爱而接受和坚持。这种热爱是一种强大的内驱力。爱是教育的灵魂!我们唯有热爱自己的职业,才会热爱学生;唯有热爱学生,才会不顾一切的努力和付出;唯有不顾一切地努力和付出,才会收获教育的累累硕果。

(二) 谦逊的学习力——增强持续动能,深度学习

学习力是一个人的学习动力、学习毅力和学习能力的综合体现,学习力包涵知识总量、知识质量、学习流量和知识增量四个方面。无论处于职场哪一阶段,只有学习力才能为我们的专业发展提供持续动能。

1. 听课——最好的学习途径

作为教师,无论处于哪一个发展阶段,听课一定是最好的提升学习力的途径。小凌老师从初入职场开始,就运用了这一最具力量的法宝。除了上课备课就是听课,一个学期听几十节课,做完整的听课记录;从听同行同伴前辈的课,到邀请他人听自己的课。每听一节课,就是自己对自己的审视,每被听一节课,就是一次对自己的检阅。听课与被听课,不仅仅是一种学习的态度,更是一种学习能力的体现。所以,在教师专业发展道路上,我们一定要学会听课,要主动被听课。不管是听课还是被听课,听后的交流与反思是最重要的。

2. 培训——有效的学习路径

除了听课和被听课,另一重要的学习途径就是参加各级各类的教学研讨活动和专题教育培训活动。小凌老师在整个职业生涯中,非常珍视每一次的学习机会。每一次的学习,都可以或多或少的让自己暂时停歇下来,做或长或短的与自己内心的对话、反思与总结,从而更好地规划未来。

3. 阅读——最持久有效的学习

基于自我驱动的主动阅读是教师学习力的集中体现。阅读教育专刊杂志、

阅读教育教学理论前沿,关注社会生活发展实际,读时评社论转移文章等,做读书笔记,写阅读心得,记下阅读过程中的所思所想所感所悟,才能读有所得所获所用。人类的进步离不开学习,书籍是知识的载体,深度阅读才是真正的学习。

(三) 强大的成长力——保持昂扬状态,自我更新

比智商和情商更能决定人生的,是"成长力"。从初入职场的迷茫、混沌到澄澈、练达的过程,小凌老师为我们展示了一种成长的姿态,一种昂扬、坚定、累并幸福的姿态;在发展过程中不断增强着一种能力,一种潜心耕耘、自我更新的能力。自我更新和成长力的核心是反思力。教学反思力是教师以自己教育教学活动为思考对象,对自己的决策、行为、方法以及由此产生的结果进行审视、分析、调整的能力。

华东师范大学叶澜教授给出了一个教师成长的路径,她说:"一个教师写一辈子教案不一定成为名师,如果一个教师写三年的教学反思,就有可能成为名师。"不写不思考不反思,一定不能成为优秀教师、骨干教师、名师。

朱永新教授曾开出一张保单,他说:"我开一个保险公司,投保条件是:教师每日三省吾身,写千字文一篇。一天所见、所闻、所读、所思无不可入文。理赔方式是:如投保方10年后未能跻身名师之列,公司愿以一赔百。"[1]按此标准,小凌老师肯定索赔无望,因为她的坚持和努力,从教学反思到教学日志,再到工作日志,小凌老师也应该无法统计自己写了多少"省身文"。

时间绝不会辜负每一个努力追梦的人! 未来,无论面对怎样的挑战,始终坚守教育初心,遵循本心,心向阳光,一心向前!

---

[1] 刘肖.教师提高成长力的可行路径[N].中国教师报,2011-10-12(010).

第六章

卓越教师

在教师队伍中,有的被称为首席教师,有的被认定为名教师、教育专家,有的被评为特级教师、正高级教师,这些教师是教师群体中的佼佼者,他们不仅能做好自己,而且能引领他人,同时能带动所在学校、所在区域的教师专业发展,这些教师被称为卓越教师。

第一节　卓越教师的主要特征

我国对卓越教师的研究和培养都是近几年的事情,什么样的教师称得上是卓越教师,他有什么特征,我们应该研究和把握。

卓越教师是在骨干教师成长的基础上进一步发展的结果,需要很强的业务能力和综合素养。卓越教师在学科领域基本上都是各自学校学科领域的领军人物,或是学校的首席教师和学科带头人。此外,还包括全国各地教育行政部门培养和认定的名教师、名班主任以及地方培养、评审或者认定的教育专家以及正高级教师,这些首席教师、名教师、正高级教师、教育专家都可称之为卓越教师。

卓越教师是教师群体中的佼佼者,他们不仅能做好自己,而且能引领他人,同时能带动所在学校、所在区域的教师专业发展。按照教育部卓越教师培养计划,卓越教师可以分为中学卓业教师、小学卓越教师、幼儿园卓越教师、中等职业学校卓越教师和特殊教育卓业教师。要成为一名卓越教师要求还是相当高的,简而言之,就是要培养一批专业突出、底蕴深厚、富有爱心、具有复合型知识技能的专家型教师。可以说,成为卓越教师是每一位中小学教师的夙愿,但是要想成为一名卓越教师,我们首先就应该掌握和了解卓越教师的主要特征。

一、国内关于卓越教师的关键特征研究

表6-1 国内有关卓越教师的内涵、素质结构及关键特征研究[①]

研究者	研究内容	研究方法	观点描述
李琼等(2012)	卓越教师的关键特征	采用比较分析法,以815名中小学新教师、有经验的普通教师和获国家级荣誉的卓越教师为样本,从专业精神、学生观、教学组织与管理等八个方面比较	卓越教师的关键特征有教学组织与管理能力、学科教学知识、教学反思与研究、学生观和教学特色。
杜瑞军(2014)	卓越教师的特征以及影响卓越教师成长的因素	访谈法,以50位教学名师为样本	教学名师具有学科知识结构与教学理论、课堂教学技巧、职业认同、师生关系以及教研关系。
黄露(2014)	卓越教师的特征以及影响卓越教师成长的因素	传记分析,以37名卓越教师传记内容为样本	卓越教师具有强烈的职业动机、先进的教育理念、独特的个人魅力、灵活的教学行为、高效的学生管理等特征。
王志广(2013)	卓越教师评价指标体系的构建	逻辑思辨分析与概括法	卓越教师具有超凡的人格魅力,自主研究能力,渗透、感悟、理解、实践教育本质的能力。
毕景刚、韩颖(2013)	卓越教师计划背景、内涵和实施策略	逻辑思辨分析与概括法	卓越教师应师德师风高尚、教育信念坚定、文化底蕴深厚、知识结构合理、教育思想先进、教学技能娴熟、实践反思敏锐、专业发展自主、创新能力较强。
刘径言、郑友训(2013)	卓越教师的专业成长特征和职前教育策略	逻辑思辨分析与概括法	卓越教师拥有卓越追求的精神,不甘于现状,超越自我,尝试创新,具有积极、明确的专业情感和态度。
吴晋(2016)	卓越教师内涵、核心、培养机制与实践	从教学科研层面和人格层面进行分析	卓越教师要有高尚的道德情操,卓越的专业才能;核心是具备教学实践中独立探索的能力以及强烈的成就动机。

上述多名国内研究人员对卓越教师的内涵、素质结构及关键特征的研究表明,卓越教师的本质特征体现在卓越性,卓越性是卓越教师教育与教学的一种

---

① 朱娥.中小学卓越教师培养现状及对策[J].西北成人教育学报,2018(05):42-46,96.

实践性特征,即在教育教学实践中所体现的一种超越平庸与一般、追求且达至出色与更好的实践品质,是目的卓越、过程卓越、方法卓越与课程卓越的"统一体",其涉及的内容较为广泛。① 这里主要从人格特征和专业特征两个方面对卓越教师进行进一步地解读,教师的人格特征在一定程度上决定了该教师成为卓越教师的潜力和可能性,具备稳定、理智、成熟、认真、执着、自律、慎独、知行合一等人格特征的中小学教师更容易成长为卓越教师。② 而在专业特征方面则主要表现在深于情怀、强于业务、善于育人、勤于阅读、专于研究、敢于发声和善于创新等几个方面。

二、卓越教师的人格特征

(一) 成熟、理智、稳重——独特的个人魅力

卓越教师区别于普通教师的人格特征在于稳重、理智和成熟,卓越教师一般都有十多年的教育教学经验,在教育教学上已经趋于成熟,能够游刃有余地对待身边的人与事,容易得到学生的认同与仰慕,在学生群体中具有较高的口碑和威望,卓越教师在教育教学以及在与学生相处过程中,能够展现出自己独特的人格魅力,所以说要想成为卓越教师,首先要在人格上进行修炼,成为一个成熟、理智和稳重的人自然是必要条件。

(二) 认真执着——不轻言弃的坚毅品质

卓越教师在人格上普遍具有认真执着、不轻言弃的坚毅品质,这是成为卓越教师的重要品质。要知道,要想成为卓越教师可不是一件容易的事情,更不可能一蹴而就,并不是每一位教师都能发展成为卓越教师。据不完全统计,从

---

① 邹成效,浦玉忠.论卓越教学——兼与有效教学比较[J].华中师范大学学报(人文社会科学版),2012(05):145-151.
② 周春良.卓越教师的个性特征与成长机制研究[D].华东师范大学,2014.

新手教师到卓越教师,至少需要十年时间,是要经历过多少个默默无闻的日子,需要多少次努力拼搏,需要完成多少任务,克服多少困难,最终只有那些具有坚毅品质的教师才能成为卓越教师。

(三)自律慎独——善于自我约束

"学高为师,身正为范"是对一名卓越教师的人格诠释,作为一名卓越教师在师德上就要有很高的要求。作为学生的榜样和"重要他人",卓越教师不但要教书好,更要育好人,始终把"教书育人"放在首位。因为卓越教师的言行举止和待人处事都会对学生产生耳濡目染的教育作用,所以卓越教师要以身作则,行为世范,切不可"无礼"。正所谓"经诗易得,人师难求"就是这个道理,所以这就要求卓越教师在人格上应该有高度自律和慎独的品质,才能够在工作中和生活中做到自我约束。

(四)知行合一——超强执行能力

卓越教师一般都具有知行合一的人格特征。知是指良知,行是指人的实践,作为卓越教师不仅要有认识(知),尤其应当重视实践(行),知行合一才能称得上"卓越"。知行合一是王阳明"阳明文化"的核心,实际上也是成为卓越教师的核心。所以作为一名教师,首先要坚持"学"、"习"、"悟",努力提高自我文化修养和人格修养,在此基础上要深入实践,才能真正达致"知行合一",才有可能成为一名真正意义上的卓越教师。

三、卓越教师的专业特征

(一)深于情怀,淡泊名利,扎根教育一线

作为一名卓越教师,首先在精神上应该是淡泊名利的。正所谓,非淡泊无以明志,非宁静无以致远,卓越教师相比普通教师更加追求精神生活,更加重视

道德修养，所以卓越教师的道德水平和道德素养往往较高，对教育和学生怀有深厚的感情，教育情怀较为深厚。其主要表现在对学生深厚的爱，卓越教师始终坚持以学生为中心，把学生的成长作为第一要务，所以卓越教师往往更喜欢扎于一线，乐于和学生们打成一片。此外，卓越教师还乐教勤业，对待自己的工作非常认真，责任心强，执行力强，对待自己的工作从来不会拖泥带水，可谓一腔热血，充满教育激情，对教育事业更是孜孜以求。

(二) 强于基础，业务精良，充满"教育机智"

业务精良是卓越教师的一个普遍特征，在专业基础上比一般普通教师往往要更扎实，对所教学科的内容及其基本问题有很强的把控感，并有独到的见解，同时广泛涉猎其他领域的学科知识，视野较为宽阔，精通业务并不断进取。卓越教师授课一般教学技能全面、教学基本功过硬、语言表达清晰易懂并独具风格。在授课过程中能够达到知识丰富、情感丰富并充满智慧的境界。在教学中具有很强的组织、协调和管理能力，具有解决课堂教学中出现的各种复杂环境的教育机智、教育教学以及管理评价的专业技能技巧，能够有效创建主动、互动、能动的课堂环境，激发学生学习的主体性、积极性和创造性，并能运用外语工具从事本专业领域的教育教学交流、合作与研究的能力。

(三) 善于育人，不忘初心，牢记"立德树人"时代使命

善于综合育人是卓越教师区别于普通教师的一大特征，卓越教师能够不忘初心，牢记使命，坚持"学生立场"，牢记"立德树人"根本任务，把"立德树人"贯穿教育教学的全过程，担当"铸魂育人"时代使命。此外，卓越教师还需要具有综合育人的强烈意识和执行能力。首先，他们注重合作，能够与其他学科教师携手共育，加强学科间的相互配合，发挥学科综合育人功能。在课内、课外、社团活动中提高学生综合运用知识解决实际问题的能力；其次，他们非常注重校园或班级环境建设，发挥学校隐性课程的育人功能，营造学生成长的乐园；重视

发挥家庭、学校和社会协同机制的育人功能,促进学生多元化全面化发展。

(四) 勤于阅读,享受教育,树立终身学习的理念

卓越教师一般都有很强的求知欲和探索欲,他们一般都勤于阅读,并且享受阅读的过程,能够过一种有阅读的教育生活。正如朱永新教授所言,一个人的阅读史就是其精神发育史。倘若一个普通老师能坚持十年阅读,坚持十年教学反思,并用文字记录下来,一定会成为一名卓越教师,这就说明了勤于阅读对于成为一名卓越教师的重要性。[①] 一个不读书,没有求知欲望的教师是不可能成为卓越教师的。此外,卓越教师还必须有一种终身学习的理念,他们是终身学习理念的先行者和行动的执行者,一般卓越教师都非常享受学习的过程,把终身学习视为"过一种幸福完整的教育生活"的重要组成部分。而且卓越教师是善于学习的教师,他们清楚未来社会对教师会提出更高的要求,只有终身学习才能源源不断地为学生提供优质的教育思想和教育资源。

(五) 勇于创新,积极变革,成为新时代教育的引领者

卓越教师区别于普通教师的另外一个重要特征在于卓越教师是创新型教师,善于尝试新的东西,而且不断学习进取,善于对传统教育和传统课堂进行积极变革。首先,卓越教师具有先进的教育理念,善于在继承传统教育理念和方法的基础上,创新教育理念和方法,成为先进理念的代表者;其次,卓越教师一般都是反思性教师,勤于反思并引领变革,经常反思自己的教学,反思课堂教学方式和课堂教学方法,哪些有效?哪些无效?如何改进?成为他们教育教学的常态化思维,从而成为变革的适应者和参与者,成为新时代教育的引领者。

(六) 专于研究,深耕细作,耕好自己"一亩三分地"

卓越教师相比其他普通教师,还有一个显著的特征,那就是卓越教师擅长

[①] 朱永新.专业阅读造就幸福教师[J].教育家,2017(15):67-68.

研究,具有一定的理论水平,善于反思和审视问题。他们普遍具有研究意识,擅长在教育教学过程中积累素材,带着研究的眼光去教学,把讲课、讨论、解决问题和其他各种教学要素视为学术研究的过程,在长期的教育教学过程中,能够形成自己的研究领域,能够聚焦研究问题,持久地研究一个主题,深入思考,深耕细作,耕好自己的"一亩三分地"。研究能力是教师发展的高级阶段,要让教师不觉得教学是一件枯燥的事情,就应该引导教师走上研究之路。研究是教师提升之本,正所谓"教而不研则浅"就是这个道理。顾明远教授曾经说过:"教师要具有一定的教育理论知识,要学会不断总结自己的教育教学经验,提出自己的观点,逐步上升到理论的高度,形成自己的教育教学风格。"卓越教师能够把日常生活中琐碎的教育教学片段理论化、学术化、思想化,并在教育教学方面形成自己的研究特色,这就是卓越教师与普通教师的一个本质区别。

(七) 敢于发声,关注社会,发挥示范引领作用

卓越教师作为知识分子的卓越代表,他们不仅仅要关注学校、关注学生、关注教学,他们同样还需要关注社会,履行社会责任,积极发挥卓越教师的引领和示范作用,发出自己专业话语和专业声音。在教育、教学和研究的过程中,他们不会墨守成规,很多卓越教师甚至都具有互联网思维,他们善于利用网络发出自己的"声音",敢于表达,敢于分享,通过微博、微信公众号、讲课、作报告、参与学术讨论、发表学术论文、著书立说,甚至利用互联网直播等形式来发出自己的观点和声音,搭建自我成长的平台,以此来影响同行和社会,更好地发挥自己的专业优势和专业话语,这也是普通教师和卓越教师的区别之一。[①]

---

① 石军.从新手教师到研究型教师——我的八年教育生活史[J].教育研究与评论,2017(3):69-71.

第二节　如何成长为卓越教师

卓越教师是专业突出、底蕴深厚、富有爱心、具有复合型知识技能的教师。教书育人、立德树人是当代教师的使命和责任。而要把这个使命和责任变成现实,仅有教师的承诺、决心、韧劲和责任感是不够的,还必须有一种让自己的职业价值和幸福感得到实现和回馈的精神作为寄托——那就是让自己成为一名卓越的教师。

马克思曾指出,"世界不是既成事物的集合体,而是过程的集合体"。卓越教师的成长不是预先设定的,是在教育的世界里不断变化与自我发展的,是一个创造性自我生成与发展的成长过程,是一个不断自我设计、自我选择、自我超越的创造性过程。

教师的卓越体现在教育实践活动中,是能够做到其他教师试图去做、应该去做、可能去做,但是没去做的事情,包括对职业理想的追求,形成自我超越的精神风格,并在现实中产生教育效果与教育影响力。"卓越"实质上是一种不断超越的精神与行动的发展过程,因此卓越教师职业生命的意义不仅仅局限于教师对学生和社会的有用性,还要求不断超越自己、丰富自己的内心世界、追求自我实现,为成就学生而向教育家型教师方向继续前行。

卓越教师是我们每一位教师的共同理想和追求。那么,如何让自己成为卓越教师,从而丰富我们教师不同寻常的教育生涯呢?

一、培育深厚的教育情怀

什么是教师的教育情怀？"情"是指崇高的感情，"怀"是指广阔的胸怀，"教育的情怀"则被认为是一种对教育的激情，一种对教育的热爱，一种对教育的执着和精神投入。在2018年全国教育大会上，习近平总书记强调："做老师就要执着于教书育人，有热爱教育的定力、淡泊名利的坚守。"而这份对教育的执着、定力和坚守，来自于教师自身坚定的专业精神和专业信念，在他们眼中，教师职业不只是简单的谋生工具，甚至说也不只是职业，而是自己毕生所追求的伟大事业。

（一）追求卓越的专业精神

卓越的专业精神，是一种高度投入、高度负责、不断创造出自己职业价值和不断超越的工作状态和心灵状态。首先，有专业精神的老师永远都是一个充满教育激情的人，会一直用专业激情点燃自己和影响着身边的人。这样的教师在教育过程中潜移默化地感染着每个学生，使得学生充满阳光自信、心情愉悦和形成积极乐观的性格和人生态度。这样的教师会让学生享受到学习过程的快乐，不断提高学习的积极性和效率，而不是成为一个个毫无生气的学习机器。其次，有专业精神的教师怀有崇高的教育理想和专业情怀。他们具有自主成长的文化自觉和内动力，激情与理性相融合，"理智地筹划未来的自我、控制今日的行为"，既有对责任与使命的担当，又有对创新与实践的坚持，努力行走在教育理想与教育现实之间，准确地把握现代教育的脉博，对学生怀有一颗火热的责任心，对教育工作兴致勃勃，始终保持对现代教育真理的追寻与教育实践的执著和探索，形成独特的教育思想和教育风格，不断超越自我。

（二）追求卓越的专业品性

"品隆学优"是古人择师的标准。高尚的专业品格是教师安身立命的根本，具体表现为：思想深邃又心境豁达，性情舒放又温文儒雅，心气严正又悲天悯人，坚守底线又如沐春风。教师通过自己在言谈举止、是非曲直、善恶义利等方面表现出的道德情操，用独特的人格气质和崇高的精神力量不断去感染学生、影响学生、引导学生。卓越的专业品性表现在以下方面：

1. 坚定的政治信念

中共中央、国务院《关于全面深化新时代教师队伍建设改革的意见》指出："教师承担着传播知识、传播思想、传播真理的历史使命，肩负着塑造灵魂、塑造生命、塑造人的时代重任。"教师参与学生成长的全过程，对学生的思想、言行、人生观和价值观都有很强的示范作用和深远的影响。因此要把学生培养成为有思想、有活力的社会主义事业的合格建设者和可靠的接班人，教师自身就必须要有坚定的中国特色社会主义的理想信念，努力成为先进思想文化的传播者、时代主旋律的弘扬者。

2. 崇高的人格修养

十九世纪俄国教育家乌申斯基曾经说过："教师的人格，就是教育工作中的一切"。教师人格力量来自教师的学术水平和道德修养的相统一，精湛的业务能力、渊博的知识面和高尚的道德情操等，所产生的魅力和影响力是巨大的，对学生、家长及周围的同事能产生潜移默化的影响，在传递知识的同时，影响和培养学生的品格、品行和品位。

3. 着眼学生的发展

教育是一个灵魂对另一个灵魂唤醒，只有具备真正的学生观，才能给予学生之所需，解学生之所困，才能避免背离教育的鲁莽，以心对心，才能做到以灵魂去唤醒灵魂。首先，老师需要有"仁者爱人"之心。爱是教育的灵魂，是教育工作的基础支点、工作的出发点和工作的原动力。无私的爱生情怀，时刻关注学生的生命、情感和价值，以大爱精神去立德树人教育才能培养出有仁爱之心的学生。其次，老师在教育的过程中需要充分地尊重学生的主体地位以及个性。教育的本真不是管理，而是唤醒、引导、激励、帮助和促进。树立以学生为主体并始终关注研究学生的观念,因材施教,既满足优秀生的卓尔不群,又保障每一个学生达到应该达到的高度。最后,具备促进学生成长的教育智慧。无论是课堂教学、学生评价、师师沟通,甚到跨学科的教育教学,都要充满个性化的教育特征,形成高质的教育业绩。

(三) 追求卓越的专业信念

信念,是人从事一切活动的内在驱动力。教师的专业信念,是驱动教师实现自我教育价值或自身工作价值的一种激励力量,是专业精神的升华和教师坚持职业理想和专业发展的精神核心动力。它能够唤醒教师内在的、自发的专业成长精神力量,让教师能勇于面对专业成长中遇到的各种挑战和障碍,为卓越的教师专业发展和成长创造条件。为此,追求卓越的专业信念,就要始终清醒地意识到自己是作为主人存在于各种教育实践活动中,努力发挥主观能动性,寻求专业科学合理的发展条件,创造性地开展教育教学实践活动,通过主动变革寻求突破,促进自我的专业"突围"与专业发展,在教育领域中发挥出自己的作用与价值,成为教师群体的引领者,并对社会、学校、学生和教育敢于发出自己专业的声音,勇于追求"真、善、美"。

二、扎实走好专业成长的每一步

于漪老师曾说:"一个教师真正的成长就在于他内心深处的觉醒。"教师的成长虽然受外在环境条件的直接影响和因素制约,但更主要的成长力量来自自身内在的潜质与精神动力。教师的卓越发展意识,带有"我想"与"我必须"的内在要求!有强烈的想要自我发展的需求,就会产生坚定的教育信念和毅力,从满足自己正确的价值需要出发,实现自尊、自主、自我。随着自我价值的不断提升,需要不断得到满足,职业倦怠便会远离。

(一) 认识自我、准确定位

我是谁？对于有教育追求、有教育梦想的教师而言，真正的成长就是认识自己、发现自己、提升自己，实现自己内化的过程，并向着某一个目标努力生长的成长过程。现实最需要的就是这种对自我价值的刻意追求，寻求出路突破，认识本我，发掘自我，进而超越自我，由有为状态向成才状态发展。因而一个人职业生涯中最幸福的，就是认清自己能够做什么，并把它做到极致。守住自己，不乱方寸，才能找回自己的本来面目。教师在调节自我发展的过程中，职业"嗅觉"很关键，嗅出自我发展的方向。这需要教师抓住教育改革信息，对发展方向进行有效调控，与新的教改同步，找到自我将来的位置——成为某个领域的领跑者。

(二) 自我培养、发挥专长

俗话说"要给学生一杯水自己必须要有一桶水"，这里讲的就是教师"储能"的重要性问题。相当一部分教师，因为受评价的牵引，几乎把学生的成绩，当作自我价值的全部，而忘记自我综合素质的发展与储备，专业化发展被弱化。卓越教师是追求不断发展的教师。

1. 专业知识更新

时间、学生、教材、时代、观念一切都在变，如果教师墨守成规，其教育教学方式势必会和现实教育脱轨，这不仅对教学不利，对教师自我的更新与发展也不利。所以教师应根据新形势下对教师综合能力的需要，不断进行本学科和跨学科，本专业和跨专业，知识广度的拓展与深度的不断拓宽，更新专业知识、理念以及教学技巧，完善或重构知识结构。这样，教师在教学实践中的综合性、灵活性表现就会更为突出了，在人才培养的过程中表现也会更具针对性。总之，不断地强调自我知识水平更新、拓展和重构知识发展过程，是卓越教师成长必须坚持的内容。

2. 专业能力打造

能力在做事中彰显强弱，知识在应用中体现价值。教育教学效果与教师自我的专业性有显著的关系，所以卓越教师在成长的过程中势必要对自我的专业能力进行建设。就现实分析来看，教师的专业能力建设分为两个阶段，其一是模仿阶段，即模仿名师名家的教学经验和思路；其二是创新阶段，即在模仿的基础上针对自身的特点开创属于自我的教学模式。通过教学创新，教师会实现自我特点、学科特点和学生特点的有效融合，如此一来，教师专业表现会更加突出。当然，卓越教师还必须是一名教有专长的教师，在自己的专业上有一定的修养，有一定的造诣。阿基米德说过："给我一个支点，我能撬起地球。"教育专家和名师每个人都有自己独特的"支点"——教师专业成长的"生长点"，所以卓越教师不要仅仅只上一节又一节漂亮的公开课，还要在课程上用力，练好自己的绝活，亮出自己的品牌。

（三）科研创新，系统反思

1. 科研性实践者

科研创新性实践适合教师的"二次成长"，充满智慧的教育创新实践经历蕴藏着促进教师专业发展的巨大能量。基于实践来看，良好研究能力的练就必须要积极地参与探索和研究，所以卓越老师势必要冲在学科研究的最前沿，通过不断地研究来提高自我的认知水平、实践水平，进而实现专业能力的提升。同时，卓越老师还需要将课程体系、教学内容等进行优化，并将科研能力转变为教学能力，这样，科研成果会更好地转变为教育教学成果。

2. 反思性实践者

著名教育家叶澜教授曾经说过："一个教师写一辈子教案不一定成为名师，如果一个教师写三年反思则可能成为名师。"当一个教师缺少反思时，他的行动往往是盲目的，只有反思才能不断检验、鉴别和完善自己的思想。通过反思，我们可以对自我的教学实践、理念等进行解剖与重构，如此一来，教学中的问题规避以及缺陷补充效果会更加突出，如此，教学专业性会得到显著成长。

上海市特级教师李海林老师认为教学反思有四个层次[①]：一是，备课、上课、自我评价、修改的普通反思。二是，更专业的备课、上课、反馈、修改、再上课、对比、总结反思程序。三是，高级的教学诊断反思，包括记录、观察、切片、描述症状、同类相并、病理分析、同类病案检索、治疗等内容。四是，最高级的反思，表现为教学案例资源库建设能力，能够做到对教学进行分类、能进行课案原理说明。

(四) 构建思想，个性发展

名师源于教育思想，拥有教育思想的教师，面对教育问题能通过积极参与找到最佳解决办法，在实践中不断摸索，不断思考，不断积累，形成自己的教育思想。教育思想经历一个从无到有，从小到大的扩张过程，而这过程也是自我实现的过程。其核心在于自我规划和自我管理，让自己的职业发展从无序状态调整至有序状态，找到适合个人发展的秩序。只有认识到自己可能向什么方向发展，才有可能成为那样的人。因此，职业生涯规划有序地推进，自我价值与力量也会随着增长。

卓越教师的成长任务，就是追求铸造属于自己的个性教育精品。因此，要创造自己的话语，要有自己的课程，要改造自己的思维方式和心智模式，建构自己的理论知识、课程体系和教育品牌。品牌的塑造不是在你已成为某个领域的专家的时候才需要，而是在成为专家的过程中就需要拥有的一种意识与能力。卓越教师有一定的理论和实践基础，铸造属于自己的品牌是自我实现与超越的一个很好的成长路径。

(五) 抱团发展，共生同进

追求成长的共生效应。跟优秀的人在一起，会让自己变得更优秀，教师如

---

① 李海林.教师二次成长论—卓越型教师的成长规律与成长方式[J].中小学教育,2015(1)：48-50.

想持续成长,就需要充分利用抱团发展、共生同进,在专业发展圈里找到优化自我的成长环境。抱团发展属于教师专业个性发展的外力,是获得更多成就的新方式,正逐渐成为信息开放时代的主动模式。寻找适合自己的团队,凝心聚力抱团发展,精益求精完成团队的活动,让自己的发展更有力。如加入到名师工作室或尝试自己做工作室。"三人行,必有我师焉",通过相互学习,在思想与智慧交流中,借鉴和学习同伴的优点,让自己变得更加优秀。所以教师们想要实现卓越,需要在实践中善于从名师名家身上学习其思想、理念以及自我提升的方式等。通过不断吸收优秀品质和内容丰富自我,并将吸收的内容基于自我的状况做到融汇贯通,形成自己独特的风格,这样,卓越发展的现实效果会更好。简言之,在卓越成长的过程中,老师们需要认识到共生效应对自己的积极影响,并实现该效应下的自我成长。

(六) 持续阅读、汲取能量

博学,是让一个普通教师迈向更高层级的基础。书籍是加油站,一个教师要想有作为,只有通过读书才会让自己有所积淀,让自己的教育思想有生成的基础。首先,沉下心阅读,深度穷尽式地阅读。关于某一个领域的书,你要把你所能找到的全部都找来,站在他人的肩膀上你才能眺望远方。否则,你只能在这个小圈子里打转。其次,持续地阅读。古语有云:"书读百遍,其义自现",当持续不断地阅读并将书本内容积累到一定量的时候,很多事物不用深入地思考便可以有更深层次的认知,让自己在教育教学中达到高屋建瓴的状态。最后,深度阅读,可以读一些理论著作、教育哲学等,它会让你的阅读更有质量。如魏智渊的《教师阅读地图》中有职初教师、骨干教师、卓越教师等不同时期的阅读书目;也可从常生龙的《读书是教师最美的修行》、闫学的《给教师的阅读建议》、冷玉斌的《读书·教书》找到适合自己阅读的书目。阅读是教师走向卓越的有效途径。

第三节　现实案例分析

一、案例：从普通教师到正高级教师

我从一名普通的小学语文教师成长为一名在省市有一定影响力的正高级语文教师，回顾自己从教30年以来经历，大致以十年为一期分为三个阶段。

第一阶段：教学成长期（1989—2000年）

我1989年从湖南省益阳师范学校毕业后到湖南省株洲市湘江氮肥厂子弟学校任教。6年后，1995年7月我以骨干教师的身份调到广州市番禺区市桥先锋小学任教。

1. 学历提升

读中学时，我的成绩在全校一直名列前茅，读师范后成绩也是非常优秀的，但非常遗憾的是没有机会上大学。加上刚参加工作的湘江氮肥厂子弟学校是十二年一贯制的学校，除小学教师外，还有很多非常优秀的高中初中教师，我感到自己的学历层次低，所以在刚工作的第一年就想着一定要读大学，一定要有一张本科文凭，于是参加了当年的成人高考，录取到湖南广播电视大学汉语言文学专业读大专。1992年7月顺利地拿到了大专文凭，又参加了当年湖南省高等教育自学考试，通过三年的学习终于拿到了湖南师范大学的中文本科文凭，

实现了大学梦想。一边工作一边专心学习,做到两不耽误,专科和本科的一系列学习,对我的语文课堂教学非常有帮助,也打下了坚实的语文教学基本功。2004年我通过了在职攻读硕士学位全国联考,2007年12月拿到了华中师范大学教育硕士学位证书。

2. 课堂历练

课堂是教师的阵地,要成长为优秀的教师都必须经过课堂的历练,一定要上公开课。我就是在第一个十年期不断地上学校、区、市级公开课,通过上公开课提升自己的专业技能。在湘江氮肥厂子弟学校时,每个学期都上学校公开课,由于自己的努力,学校就派我去参加了区的送教交流活动,到株洲市下面的县乡学校去送教,那次上的是巴金的《繁星》一课,经过多次备课、磨课,且进行的是异地教学,对我的成长起到了非常大的促进作用。为了创设情境,我还记得当时请一位画家朋友画了一幅与课文情境类似的星空图挂在黑板上,让学生入情入境地朗读,教学效果非常好。

1995年7月作为骨干教师调到广州市番禺区后,就成了区级骨干教师,经常承担区级、市级公开课。我是番禺区第一个用电脑制作课件上公开课的老师,在1996年就用电脑制作课件执教了屠格涅夫的《麻雀》。当时的电脑做不出动画的效果,就请人帮忙画了很多幅图片,再一张张地放映出来,看起来像是动的,无师自通地想到动画的制作。从1997年至2000年经历了番禺区第四届教学新秀的评比,在这一过程中,不断地上课、说课、答辩,从学校到市桥镇,再到片区,最后到区的比赛,这三年是经过地狱式的磨炼,使自己迅速地成长起来。记得每天下班后就拼命地学习教育教学理论,研究每一类课型的教法,自己花钱买来支玉恒老师所有公开课的光盘看了好几遍。我一直有订小学语文专业杂志的习惯,把杂志上的优秀的教学片断全部抄在笔记本上,每一册教材一本大笔记本,一共12大本,密密麻麻地记录下每一篇课文的教法、教学片断等。我当时想:如果每天都是这样钻研教材进行学习,十年后自己也能成为教育专家了。功夫不负有心人,终于在2000年获得番禺区第四届教学新秀比赛的一等奖。上公开课和参加比赛使我迅速地成长起来了,我的公开课成为了番禺区的一张名片,成了当时番禺师范学校学生学习的样板课;我上的六年级《阅读复习课》成为专家研究复习课的典型案例。

第二阶段:教研成长期(2001—2011年)

1. 教学实践研究

2001年至2004年期间我担任了学校的教导主任,2004年8月调到广州市番禺区教研室担任语文教研员。2006年9月调到广州市萝岗区(现合并为黄埔区)担任语文教研员。由于之前个人积累了教学实践经验,在担任教学管理工作之后,不仅自己实践,还引导全校和全区的语文教师进行实践研究。在2001年还代表番禺区参加了广州市青年教师阅读教学大赛,经常承担市区公开课,受到市教研员许汉老师、李德燊老师、卢务全老师、王亚芸老师的好评。

当教研员后,我深入课堂教学的第一线,听课、评课,精心地指导语文教师的教学工作,积极帮助学校语文科组开展教研。在听课评课时,给老师们的建议都比较专业、中肯,老师们都欣然接受并在后来的教学中加以改进;在指导教师上各类公开课或比赛课时,亲自备课、做课件、试讲,给老师们全方位的指导,指导的课例在各级比赛中频频获奖,让每一位指导过的老师心悦诚服,也成了很多优秀老师的良师益友。我除了经常做培训教师的讲座外,还多次上公开课,在本区上,还到东莞、湛江、肇庆等地去上,近几年上了《恐龙的灭绝》《浅水洼里的小鱼》《渔歌子》《乡村四月》《匆匆》等课,这些课的教学设计或实录,有的在省市课评比中获奖,有的发表在《小学语文教学》《小学语文》等核心期刊上。

2. 科研课题研究

要成为一名优秀的教师,不仅要有扎实课堂实践,还一定要做科研课题。我在学校任教和负责教学管理时,就引领学校教师做了《"三动"教学模式研究》,这是科研的启蒙和实践。成为教研员后,在番禺区教研室,参与了教研室主任吴岳冬主持的省教育科研规划课题《区域性文化资源的利用与开发》,负责小学语文学科文化资源的利用与开发，带领全区语文老师建设学科资源共享网站，分类进行研究，取得一系列成果。到萝岗区后，因为是新区，教研基础较薄弱，我带领骨干老师，以课堂教学为抓手，申报了区教育科研重点课题——《提高小学语文实效性的课堂教学策略研究》，对区域内的小语课堂的教学实际进行调查研究，形成调查报告，并对教学中的典型案例进行分析，找到理论与实践的结合点，总结出实践教学中的成熟经验，提出一系列行之有效的课堂教学策略。2012年6月，教学研究成果《提高小学语文有效性的教学策略研究》获广州市第八届教学成果二等奖。

第三阶段：成果提炼期(2011—2020年)

1. 聚焦核心素养

从2011年开始，我根据《语文课程标准》(2011年版)的要求，加强语言文字的运用，带领区骨干教师聚焦语文学习的核心素养——阅读和写作，进行了小学语文读写结合策略研究，承担了广东省及广州市十二五规划课题《新课程背景下的小学语文读写结合策略研究》，围绕课题发表了20多篇论文，并引领老师们在语文课堂上注重培养学生的阅读能力和写作能力，做到以读促写，以写促读，把语文素养中的最核心的能力，在课堂教学中得到落实，传承并发扬广东省著名特级教师丁有宽先生提出的"读写结合"教育理念。教学成果《小学语文读写结合策略研究》获2019年广东省基础教育教学成果一等奖，在《小学语文》《小学语文教学》《小学语文教师》等专业刊物发表论文20多篇，出版专著两本。经过对课堂教学一系列的研究后，我带领老师们研究课外阅读，构建区域课外阅读体系，研究课外阅读指导课课型，并与北师大对外合作办学部儿童阅读中心合作进行，积极推进区域内的课外阅读。借助北师大对外合作办学平台的资源优势，原广州市萝岗区的课外阅读已在全国有一定的影响力。洛阳市就在复制萝岗区区域推进的做法，全国各地北师大实验学校的骨干教师到萝岗区学习取经。2015年6月4至6日，承办了首届"中国校园童话节"。十多位全国著名儿童文学作家和全国各地近百所学校的老师近500人参加了活动，《中国教育报》《中华读书报》《光明日报》《南方教育时报》等媒体进行了报道。我还申报了关于课外阅读的研究课题,有区重点课题,还有全国十一五规划重点课题的子课题《关于不同年龄小学生阅读兴趣的研究》,汇编了《黄埔区小学生课外阅读读本》等,引领全区语文教师践行北大教授温儒敏先生提出的"把培养读书兴趣,作为小学语文头等大事"的理念。

2. 提出教学主张

我在科研课题的基础上,提出"读写语文"的教学主张,践行"简约大气、扎实灵动"的教学风格。培养学生的语文素养,"读"与"写"是极其重要的组成部分,所以我提出"读写语文"这一主张。在一至六年级共 12 册教材中,找出每个单元的读写教学目标,再根据每篇课文的文本特点和教学价值,梳理出每篇课文的重点阅读目标和拓展阅读篇目,在此基础上找出读写结合的内容与形式。基于此理念,还带领骨干教师编著了部编版新教材一至六年级共 12 本《培生新教案 小学语文优课设计》。我研究了小学语文读写结合的六大策略,即写法迁移策略、补白想像策略、内化重组策略、同类对比策略、摘录积累策略、情感升华策略并发表在小学语文专业杂志上;研究了不同文章体裁的读写结合具体策略等,操作性强,在省内外有一定的影响力。2017 年 12 月,我经广东省中小学正高级教师职称评审委员会评审通过,成为一名正教授级的教师。

(案例主人公:广州市黄埔区黄陂小学教师曹利娟,现任学校副校长,语文正高级教师,是广州市名教师、广州市优秀教师,任广东省小语会理事、广东省小语会学术委员会秘书长、广州市小语会副会长和常务理事、广州大学兼职教授、岭南师范学院客座教授、教育部"国培计划"培训项目授课专家、北师大"中国儿童阅读提升计划"项目核心专家、中国教育学会中小学教育质量综合评价学科命题专家、人民教育出版社小学语文教师教学用书的编写者、广州市高级专业技术资格评审委员会入库评审委员、广州市中小学教师继续教育专家委员会委员等。)

二、案例分析

曹利娟老师从一名普通的教师成长为一名正高级教师,在她的身上,我们可以探究出一些卓越教师成长的共性规律。

1. 勤奋学习,不断进取

要成为一名卓越的教师,勤奋学习是必不可少的。曹利娟老师之所以能成为一名卓越的教师,就是因为勤奋学习。首先是提升学历。她从一名中专生到一名教育硕士,一直在不断提升自己,尤其是参加全国在职硕士联考时要考英语,她只有二十前年的初中三年英语学习基础,但每天发奋自学,最后才能顺利被华中师范大学录取为教育硕士研究生。其次是提升专业水平。她能坚持认真学习教育教学理论,学习做到有计划和有针对性,理论联系实际。平时认真阅读教育教学书刊杂志、做笔记,积极参加各级教研活动,外出培训,她在已经很优秀的基础上依然成为2012年的广州市基础教育系统新一轮"百万千人才培养工程"第一批名教师培养对象,历时五年,从理论研训到跟岗学习、示范带教、结业答辩各环节,都认真对待,期满考核为"优秀",被广州市教育局授牌名教师工作室主持人。一直到她评上了正高级教师,还不放松自己,每天学习、写作,发表论文,提炼教学成果。正如冰心说过:"成功的花,人们只惊羡她现时的明艳!然而当初她的芽儿,浸透了奋斗的泪泉,洒遍了牺牲的血雨。"不经历风雨怎么见彩虹,没有谁能随随便便成功。

2. 聚焦课堂,教学相长

课堂,是教学的主阵地,名师的成长一定离不开课堂。从曹利娟的成长轨迹来看,她也是在不断地上公开课中,逐渐成长为一名优秀教师,再成为一名优秀的教研员。教师要提高自己的专业技能,不能闭门造车,要敞开自己的课堂,请同行、请专家指导,提升自己解读教材的能力、提高自己的教学基本功、改变自己的教学方式、明确各年段教学目标、采取合适的教学方式,最后提高课堂教学的效率。做到一切为了学生,为了学生的成长,这样才能成为一名优秀的教师。正如曹利娟老师所说:"上公开课才是教师成长的捷径。"教师就是在一次次的磨课中蜕变,在一篇篇反思中成长。因为我们基础教育的老师不同于大学的教授,我们的教学是实践性的,教师每天要面对学生,在一节一节的课堂教学中提高学生的素养、促使学生的成长,如果哪位老师只会写论文而教不好书,那他不算是一位优秀的教师。一位卓越教师的成长一定要聚焦课堂,在课堂中发现问题、解决问题,成为一名能上好课,能带好班,能发展学生素养的老师。曹利娟老师就是立足于课堂,教给学生学习的方法,掌握每一文学体裁的特点,引导学生多进行语言实践,聚焦学生的两大语文核心素养——阅读和写作,来进行研究,经过一轮一轮的实践、反思、再实践、再反思,才有丰厚的教研成果。

3. 重视科研,不断成长

有人说过:"教研让我们走得更稳,而科研会让我们走得更远。"科研的直接目的不但是为了解决教育教学问题,提高教育教学质量,而且是在教育科学理论指导下探索教育教学规律。要成为一名卓越的教师,一定要进行科研课题的研究。纵观曹老师的成长经历,她就是在不断地进行科研课题的研究中成长的。她从刚开始在学校学做课题,研究关于课堂教学的模式,到承担《区域性文化资源利用与开发》的子课题的研究,再到承担省市规划课题《小学语文读写结合策略研究》,一步一个脚印,通过一个个科研课题的研究聚焦了自己的研究成果,解决了教学实践中的问题,提高了课堂的教学效率和区域的教学质量,所以说一位卓越教师的成长之路就是他的科研成长之路。有很多教师对做科研课题有畏惧心理,觉得太难了,不想去做。其实做科研课题并不难,记得有专家这样说过:"问题即课题,教学即研究,成果即成长。"只要我们老师在日常的教学中发现问题,把发现的问题转变为科研的课题,结合平时的教学进行研究,再把自己的研究结果写成论文,这就是一个进行科研课题研究的过程。现在对教师的各项评比或评定职称都要有关于做科研课题的要求,如果一位老师能越早认识到做科研课题的重要性,那他就成长得越快。总之,进行科研课题的研究是教师成长道路上必不可少的条件。

4. 团结协作，无私奉献

现代社会，合作是一种理念，是一种文化。独行快而众行远，对学校教师来说，团队合作非常重要，而作为区级教研员，任何教研活动的开展，都离不开区域内的学校和教师，曹利娟老师在这方面一直做得很好。她建立了区语文学科中心组、区骨干教师团队、区年轻教师研究组等团队，开展培训、组织教研、进行学科活动等，以自己的学术修养、组织能力、人格魅力等去团结教师、影响学校。在各项活动或比赛中，都发挥教研团队的作用，这样才能取得好成绩。

曹利娟老师成为教研员后在培养、指导青年教师方面成果显著，默默地无私奉献。到学校做专题讲座(学术报告)达100多场，培养了一批又一批区小学语文科的"名师"，先后指导了本区内近十位教师在广州市的小学语文教学大赛和教师素养大赛中获得一等奖或第一名的好成绩，指导本区域两位老师获得全国比赛的特等奖、七位老师代表广州市参加广东省比赛获得特等奖。由于曹利娟老师在文本解读、指导老师备课、参加竞赛等方面经验丰富、表现突出，近十年来，一直是广州市参赛选手参加各项省赛的备课指导组组长，她从不计较报酬，无私地为广州教研奉献自己的一份力量。

王国维在《人间词话》中提到："古今之成大事业、大学问者，必经过三种之境界：ّ昨夜西风凋碧树，独上高楼，望尽天涯路。'此第一境也。'衣带渐宽终不悔，为伊消得人憔悴。'此第二境也。'众里寻他千百度，蓦然回首，那人却在，灯火阑珊处。'此第三境也。"纵观曹利娟老师的成长经历，与此三种境界相吻合。第一阶段，她坚守自己的人生理想，勤奋学习，打牢成为一名优秀教师的基础；第二阶段，她孜孜以求，努力钻研，磨练自己，终于成为课堂教学的名师；第三阶段，她饱含对教育事业的热爱，肩负着一定的社会责任感和使命感，成为了在省市有影响力的卓越教师。她的成长经历非常有代表性，对一线教师的成长有借鉴意义。

第七章

教育家型教师

古今中外,能够被公认为教育家的人往往少之又少,这是因为教育是很神圣的,教育家更应当"学为人师,行为世范",是楷模中的楷模。而教育家型教师是教师专业成长的必由之路,也是最为接近教育家的教师发展阶段。

第一节　教育家型教师的主要特征

2018年1月20日《中共中央国务院关于全面深化新时代教师队伍建设改革的意见》明确提出："到2035年,教师综合素质、专业化水平和创新能力大幅提升,培养造就数以百万计的骨干教师、数以十万计的卓越教师、数以万计的教育家型教师。"这表明我国遵循教育规律和教师成长发展规律,加强师德师风建设,培养高素质教师队伍,倡导全社会尊师重教,形成优秀人才争相从教、教师人人尽展其才、好教师不断涌现的良好局面。

目前,教育家型教师的直接研究不多,尚处开始阶段,从仅有的一些文献来看,不同研究者基于不同的理论基础,对于教育家型教师的特征有不同认识。综合起来,教育家型教师的特征有如下几个方面。

一、有独到的教育思想和开阔的国际视野

作为教育家型教师,要与教育家一样,具有独到的教育思想和理念,形成自己对教育教学的特有理解,同时又要拥有相对系统和完善的教育理论,并指导教育实践,提升教育效果。

自古以来,教育家的思想应该比其他人的理解更深刻、更系统、更有创见性,甚至是更能坚持自己的教育信念。每个教育家都有其自己的教育思想,但

各自的影响力各不相同,比如开先河的教育思想、集大成的教育思想等。

开先河的教育思想我们以孔子为例。他的教育思想无论是在当时,还是在现在都有着深远的影响。在办学上他提出"学而优则仕";在教育信念上他提出:"有教无类""因材施教""学而不厌,诲人不倦";另外"不愤不启,不悱不发""举一隅不以三隅反,则不复也""学而不厌,诲人不倦",等等,这些教育思想都是广为流传的教育智慧,甚至一直影响到数千年之后的今天,可谓意义深远。孔子作为世界公认的伟大教育家,中国儒学教育理论的奠基人,他将中国的教育理论推向了世界,成为世界文化宝库中的明珠。

集大成的教育思想我们以亚里士多德为例。亚里士多德是古希腊著名的教育家、哲学家,恩格斯曾称他为古希腊"最博学的人物"。亚里士多德百科全书式的教育思想对于西方教育思想的发展具有深远的影响。他是自然主义教育的鼻祖,他提出要适应自然的教育与和谐发展的教育。在他之后,在他的基础上,西方对教育适应自然的认识形成两大分支:一是以夸美纽斯为代表的主张适应自然发展顺序和规律的教育家;二是以卢梭、裴斯泰洛奇、福禄贝尔为代表的主张发展受教育者主观中的自然本能的教育家,这两大分支的教育思想都是在亚里士多德思想的基础上发展继承而来的。亚里士多德的教育思想博大精深,可谓集大成教育思想的典范。[①]

教育家只有"用生命做学问,用心血做文章",才能在教育实践中"写出充满日常生活气息的教育专著",只有成名成家的教师,才能教出成人成才的学生。一颗上等的钻石,总是经过不断打磨,如果没有这个过程,就不能闪光。建构自己的教育智慧,是教育家成长的关键。没有自己独特的教育智慧,一个教师是难以真正成为名师的。每一位教师都要把建构自己的教育智慧当作终生的追求与思想的创生,这是一种精神的历险,需要胆识,需要勇气,也需要民主与宽松。教育家不是自封的,教育家是教育者在依其教育理想诊治社会瘤疾的过程

---

① 李瑶.教育家研究与未来教育家培养[D].吉林:东北师范大学,2010.

中的自然结果。教育家不仅要有自己的教育观点,而且能被人们接受。有自己的教育观点且为人接受,需要有对教育的独立见解。时代呼唤教育家的出现,每个教育工作者心中都要有一个属于自己的教育之梦——从教育实践中梳理出属于自己的教育信念,努力向教育家的标准挺进。[1]

作为教育家型教师,要极具国际视野,能够积极关注国内外的重大教育问题和现象,知晓国际及相关国家所发生的重大的教育事件,及与本学科相关的重要教育理论和思想,对国外教育教学经验有浓厚的学习探究的兴趣,善于吸收和借鉴西方发达国家的先进教育思想、理念、教育教学经验。

我国著名教育家陶行知于1914年远赴美国留学,师从对他的教育思想产生重大影响的老师,美国伟大的教育家——杜威。

陶行知回国后,将杜威的教育理论应用于实践,但却屡遭碰壁,经过几番研究思考,他认识到杜威的"教育即生活",把生活从属于教育,"学校即社会",把社会缩小进学校,这样的理论在中国是没有出路的。陶行知说:"我把它翻了半个筋斗,改为'生活即教育'。"陶行知对杜威实用主义教育思想进行改造,并形成了自己独具特色的生活教育理论。这一理论是他教育思想发展过程中的重大飞跃;这一理论打破了旧教育传统观念的束缚和实用主义教育思潮的羁绊,陶行知因此成为了中国的一流教育家。[2]

二、有敏锐的洞察力和大胆的创新意识

魏书生说,"这个世界上,如果由于自己的存在而多了一颗真诚、善良、美好的心灵,那我便获得了生存的幸福,有了一分生存的价值"。李镇西说,"真正的教师应当是一个思想触觉十分灵敏的人,追求真理、崇尚科学、独立思考、保持

---

[1] 陶华坤.关于教育家标准的思考[J].浙江教育科学,2011(01):32.
[2] 李瑶.教育家研究与未来教育家培养[D].吉林:东北师范大学,2010.

个性应该是每一个教育者坚定的人生信念"。

教育家型教师要像教育家一样,要有敏锐的感知,具有独到的洞察力,见渺小微物,能细察其纹理,有善于把握机遇的能力。要能抓住一些看似平常的细节,了解这些特征之间的差异,积极感知其中所包含的教育契机。这种敏感性使得他们能发现常人看不到的东西、能顺应时代的变迁,有敏锐的时代洞见,步步领先,并能够对于教育的内容、形式、方法、途径,结合个性、基础、条件与可能等加以探索新的方法,并根据他们的教育思想,持续性地进行思考与创造发展。

陶行知先生在《第一流的教育家》中对教育家的精神提出:"敢探未发明的新理,即是创造精神;敢入未开化的边疆,即是开辟精神。创造时,目光要深;开辟时,目光要远。"可以说创新是发展的核心动力,教育家是能在教育教学实验当中改革创新、勇于突破旧有束缚的创新改革家。教育家在实践上走在教育改革发展的前列,是先行者,在思想理论上敢于创新,是新观点、新思想、新学说的创立者。

如何才能拥有创新改革的意识呢?首先取决于教育家有自我发展的意识,他们能创造性地学习,这使得教育家们是百科全书式的人,"上知天文,下晓地理",就像著名"百科全书"式的教育家苏霍姆林斯基一样,拥有百科全书式的知识,他的著作也如他本人所呈现的那样内容丰富,这也体现出占有文化的制高点才能获得更为开放的眼界、广阔的平台与创新的可能。再次,教育家有反思与研究的意识,他们思想深刻,善于思考、想事、悟理、反思、总结。在勤思、反思的基础上再前进一步,对事物进行深入、系统的研究,从而能创新性地提出与解决问题。教育家型教师也应具备这些品格。

三、有渊博的知识和突出的教学能力

作为教育家型教师,要精通学科课程知识,不同学科知识要能够做到融会

贯通。对于课程有深入的理解，熟练展现本学科内容知识，组织好课程内容，并与学生发展知识相结合。用适应学科特点的教学策略启发学生对学科内容的理解，利用各种材料资源和技术使学生易于获得学科知识。发现本学科领域的前后以及跨学科的思想和知识间的相互关系，学科知识与其他学科及现实生活的联系，为学生创造和实施跨学科的学习机会，并能把知识、技能和探究方法整合起来。

纵观古往今来的教育家，没有哪一个人仅仅只是关注教育这一方面的，他们大都掌握多方面的知识。例如，我国的孔子、西方的柏拉图等，他们无一不是精通多方面的知识，如政治、音乐等。正是因为他们丰富的知识资本，才有了一些对现今仍具有价值的教育思想，才培养出大批的优秀人才。近代的康有为同样也是一位博学的人，他是近代史上杰出的思想家、政治家、社会活动家，他同时也是诗人、书法家、书画鉴定家，当然他也是一位著名的教育家。另外还有泰戈尔，他是印度伟大的诗人、音乐家、社会活动家，他在文学艺术领域上的成就被大家广为熟知。但大家所不了解的是他同时也是一位伟大的教育家，他把开辟教育事业作为实现人道主义理想的途径，他曾发表过《我的学校》《教育的理想》等一些教育著作，虽然这些著作我们并不熟悉，但同样也为教育界留下了一笔宝贵的教育财富。知识就是财富，对教育家而言，他们带给社会的不仅仅是财富，更是推动社会进步，人类发展的能源动力。知识不仅仅让他们自己充实，更给后来人带来无穷的智慧财富。

教育家型教师必须具有丰富的教学经验和精湛的教学能力。以中小学教育家型教师李烈为例，她曾获得首届全国小学数学课堂教学大赛一等奖；她的教艺精湛，具有高超的教材处理和课堂驾驭能力，能把教师、学生、教材、手段和方法融为一体；她从不单纯给予学生知识，而是引导学生"获取"；她的教学既面向全体，也注重因材施教，能使水平高的学生永不满足，使水平低的学生增强信心。从诸多中小学教育家型教师的相关资料中发现，其突出的教学能力主要体现在以下方面：

第一,具有良好的教学选择与设计能力。教学选择和设计是教学的准备环节,选择恰当的教学方法、内容、形式并进行精细设计是教师提高教学质量的前提条件。良好的教学选择与设计能力要求教师能够在充分"备教材、备学生、备教法"基础上选择适合学生学习的方法与手段,有条不紊地开展教学活动。

第二,具有优秀的教学实施能力。教学实施是教学活动开展、教育目标达成的关键环节,教育家型教师在教学实施环节中要能够采用有效策略吸引并保持学生的注意力,时刻注重对学生的引导和启发,灵活使用各种教学方法,因材施教,满足学生差异性需求。

第三,具有良好的教学评价能力。教学评价贯穿于教学全过程,具有诊断、反馈、激励、调节的作用,对改进和促进教学意义非凡。中小学教育家型教师要做好对学生的评价,尤其是对学习过程中学生的参与程度、学生的积极性、学生的态度、情感体验等进行准确的评价。此外还要对自我的教学过程和效果有清醒的认识,能够就自己的教学设计、教学过程、教学效果等方面进行客观的评价与反思,以便能够及时修正自身的教育教学行为。

第四,具备教学创新能力。创新是教师能力的最高体现,教学创新要求教师在一般教学能力基础上,不断更新教学内容、创造高效方法、提出符合教学规律新理论的能力。教学创新能力集中体现在教学内容、教学方法的创新以及实现教学过程的最优化方面,只有不断进行教育创新,才能真正提高教学效率,获得更多教育成果。[①]

四、有积极的学习态度和出色的教育科研能力

大量的研究表明,教师专业发展的关键在于自身是否努力、是否拥有执著的教育信念、是否具有持久的教育热情等,包括制度在内的一切外部条件对于

---

① 聂淑红.中小学教育家素质标准体系构建研究[D].山东:曲阜师范大学,2016:06.

教师专业发展来说,仅发挥着非主要的影响作用。源于对教育的执著追求和由衷的爱,很多优秀教师通过积极的自我学习、自我提升,进一步实现自身的专业发展。

教育科研是指借助教育理论,以有价值的教育现象为研究对象,运用相应的科研方法,进行有目的、有计划地探索教育规律的创造性认识活动。教育科研是教师走向教育家型教师的必经之路,是教师成长的助推器。一个教师,只有走教学与教育科研相结合之路,才能不断提高教育教学境界,才能成为教育家型教师。教育是一片沃土,教育问题就像带刺的玫瑰,遍布其中,教师只有在一次次解决教育真实问题的过程中才能有所收获,有所成长。一线教师只有不断提高教育科研能力,才能够自如应对教学实践中纷繁复杂的问题,才能够在教育领域取得重大成果。

教育科研活动取得的成果大小取决于教育科研能力的高低,具体而言,突出的教育科研能力涵盖以下几个方面:

首先,具备敏锐的问题意识。发现问题是解决问题的前提与基础,教育科研的第一步就是要发现问题。教育实践活动中存在着各种问题,中小学教育家型教师要善于从教育实践活动、学生课堂内外的情绪变化、教育的日常生活中认真观察、发现问题,选取那些最为有价值的真问题进行研究,才能真正推动教育实践的发展。

其次,掌握科学的研究方法。掌握科学的研究方法是解决教育问题、进行有效科研的必要条件。中小学教育家型教师要培养科学的方法意识,掌握各种科研方法与技术,能够根据不同的研究问题选择合适的科研方法。在科研过程中,从选题、信息和资料收集、资料分析与处理、得出研究成果等环节严格遵守规范的科学研究程序,以获得真实可靠的研究结论。

再次,具备深厚的教育理论功底。教育科研需要建立在一定教育理论基础之上,深厚的教育理论可以为教育科研提供有力支撑,如果缺乏深厚的教育理论功底,就使得对教育问题的分析、阐述与论证显得格外单薄。因此,教育家型教师要不断学习教育理论,关注教育理论,探索前沿,学习国外先进理论,不断提升自身的理论素养。

最后,具有强烈的科研成果意识。科研成果是科研能力最为重要的表现形式,也只有将教育科研能力转化成科研成果,教师才能更充分地认识到自身的教育研究行为和教育研究效果,才能为更多教育工作者提供借鉴与指导。科研成果主要包括著作图书、期刊论文、课题研究报告等。[1]

五、有浓厚的教育情怀和高尚的人格魅力

教育家型教师是具有坚定的教育情怀和信念的领导型教师。教育家型教师对教育的情怀和信念是虔诚的、纯粹的、发自内心的。同时,他们能将教育看成国之重器,具有悲天悯人的情结,爱学生,愿意为帮助学生投入情感和耐心,甚至在遭遇困难时也矢志不渝。具有教育情怀的教师,他们教育行动的出发点不是荣誉,而是真正致力于改善自己所在的班级、学校、区域,不断扩大延展,直至整个国家的教育事业。教育情怀是教育家型教师投身教育事业的动力之源,并且能够产生教育专业精神,具体包括教师认同、教师美德和教师使命感。只有具备教育情怀和信念的教师,才具有教育的意向性,即一个人行动的原初动力。

教育家型教师要具有高尚的道德品质、高洁的道德节操、崇高的道德行为,能够用自己的实际行动诠释"道德完人"的标准,这种道德表现更是超越教育领域的,成为全社会的楷模。师高则徒高、亲其师信其道、身教胜于言教、言传身教、不言之教等都揭示了教育家型教师的素养对受教育者的影响。比如蔡元培先生被毛泽东誉为教育界之"学界泰斗、人世楷模",他的高风亮节为世人所敬仰。教育家人格健全、品德高尚,具有健康的行为习惯,能够以身作则、言传身

---

[1] 聂淑红.中小学教育家素质标准体系构建研究[D].山东:曲阜师范大学,2016:06.

教、为人师表,称得上是全社会的楷模、学生的模范榜样。他们在思想行为、举止言谈等方面具有高度的道德教育示范性标准,他们的道德风范能为师生和世人所称道、敬仰。汉代扬雄就有"师者,人之模范也"的论述,韩愈在《师说》中指出:"师者,传道授业解惑也"。古代社会,教师多被视为道德楷模。社会对教师道德品行提出很高的标准,教育家型教师作为教育领域杰出代表,道德高尚自然是必备条件。教育家型教师要做到品德高尚,作为学生的榜样,社会的楷模,面对学生时"其身正,不令则行";面对社会时"修身齐家以至治国平天下"。

六、有突出的专业成就和崇高的专业声望

在专业成就上,要取得教育界广泛认可的重大教育成果。教育家型教师作为杰出的教育工作者,应该在教育工作中取得卓越成就或突出成果,其教育思想和实践能够为同行广泛研究、学习、借鉴。专业成就可分为两类,一类是教育实践成果,包括学生素质提高、教师水平提高、学校教育教学和管理发展等;另一类是教育思想或教育理论成果,主要通过教育著作、言论的形式呈现,或通过教育实践行为体现出来。专业成就水平的高低是教育家型教师区别于一般教师的重要标志。

在专业声望上,要拥有广泛认可的专业声誉,主要是指一个人在其专业领域所拥有的威望、享有的声誉。教育家型教师应该是通过其杰出的工作对教育认知和教育实践产生广泛、深刻的影响,对教育发展做出突出贡献,在教育领域乃至全社会享有崇高专业声望的人。教育家型教师的专业声望与人们通常所说的"名气"或"知名度"不同,它是一种以经过严格专业审查和广泛实践检验的专业成就为基础,得到教育界乃至社会普遍赞赏的"专业美誉度",代表着教育界乃至社会对教育工作者教育贡献的知晓和认可程度,是衡量教育工作者实际教育影响的一个重要指标,是教育家型教师区别于一般教师的主要标志。

第二节　如何成长为教育家型教师

教育家型教师有着深厚的教育情怀、系统的教育思想、独特的教学风格、丰富的教育实践、显著的教育成果等特质。教育家型教师是教师职业的最高层次,是教师专业发展的价值方向。[①] 教育家型教师的成长是一个动态的追求过程,其内在追求是把教育家作为永恒的理想和目标。

一、教育家型教师的成长动力

教师是人类灵魂的工程师,是人类文明的传承者,承载着传播知识、传播思想、传播真理,塑造灵魂、塑造生命、塑造新人的时代重任。今天的教师要努力成为有理想信念、有道德情操、有扎实学识、有仁爱之心的好教师,而成长为教育家型教师更需要激发内生动力。

(一) 要坚定教育理想、积淀教育情怀

真正的教育家是把自己的生命寄予教育,把教育视为终身的理想追求,在教育生活的日积月累中生成积极的情感积淀。"人民教育家"于漪有句名言:

---

① 朱旭东,张华军等.教师专业精神研究[M].北京:北京师范大学出版社,2017:8.

"一辈子做教师,一辈子学做教师。"教师这个职业寄托着她一生的追求与热爱。教育家型教师的教育理想和教育责任,不只限于自己所任教的学科,不只停留于学生的学业成绩,而应当站在教育影响学生身心健康成长、教育影响国家与民族未来发展的高度,承担历史与国家所赋予的使命与责任。①

教育情怀是教育家型教师投身教育事业的动力之源。教师职业是一种非常特殊的职业,因为教育对象是学生,是有血有肉的独立性的个体。只有热爱教育工作的教师,才能真正关注学生的心理特点和需求,真正一切以学生的发展为中心。教育家型教师更需要深刻体会教育之爱的无私与伟大,在探求教育之爱的高尚价值中提升师德境界,进而升华自己的教育情感,像陶行知那样"捧着一颗心来,不带半根草去",像斯霞老师那样"童心母爱满天下"。

成长为教育家型教师,必须有坚定的教育理想,把立德树人,培养社会主义建设者和接班人作为根本任务;要坚守教育之志,这种坚守既是对教育规律的本质思考,也是对教育价值的根本追求。教育家型教师,在人格和德性修养方面应以教育家为楷模,坚守教育信仰,在实践中不断完善自身素养,不断升华自身品格。只有这样,才能更充分地履行教育的崇高使命和教师的神圣职责,才会达到春风化雨、润物无声的育人境界。

(二) 要植根教育实践、凝练教育思想

实践经验的升华和教育理念的实践是教育家型教师发展中同一个问题的两个方面。教育家型教师的成长与发展必须扎根于教育教学,以育人为根本,以实践为基石。教师不仅是一种职业,更是一种专业。专业要求强调教师既要具有丰富的知识、技能,又要求教师对教育的内涵、本质和价值等问题要有自己的思考,关注并研究教育教学深层次的问题,如教育如何更有效地立德树人,教学如何更好地以学生为中心,什么样的课堂最适合学生,核心素养如何落实到

---

① 陈钱林.教育家型教师成长的有效途径[J].中国教师报,2018-12-19(012).

每一个学生身上等。

教育家型教师既要知晓教育原理,熟知教育发展规律,又要进一步拓宽教育视野,理解教育精髓,要善于把握社会需要与自身优势的结合点,勇于探索教育改革的难点;要在教育实践中探索思考,以自己的教育教学活动为思考和研究的对象,对自己的观念、行为以及由此所产生的结果进行审视和分析,如通过反思性日记、成长自传、专题反思、叙事研究、行动研究等,分析自己的教育经验,逐渐清晰自己的教育教学主张,进而提炼自己的教育教学思想。[1]

教育家型教师因"爱"而塑造学生,更侧重于创新实践。一代教育大师陶行知,因为对教育事业的热爱,积极地投身教育实践,所以他能提出"生活即教育"、"教学做合一"、"行是知之始"等宝贵的教育理念。教育家型教师不能仅依赖传统的知识和经验开展教学实践,不能满足也不能停留于已获得的成绩,要勇于教育改革与创新,不断提升自己对教育的理解力、批判力和建构力,在创新实践中形成和发展自己独特的教学风格和教育思想。[2]

(三) 要厚实专业素养,涵养教育智慧

学习是一种不辍获取知识、经验、能力等的优秀品格。教育家型教师要不断学习,不仅是专业知识的学习,还有从学科知识到课程知识,从教育学知识到心理学知识,从教育教学管理知识到交流沟通的知识,从德育知识到多元的文化知识的学习。只有不断地读书学习,才能丰厚自己的专业素养,开拓自己的文化视野,以书香涵养教育智慧;而只有在学科教学与日常教育中自然、圆润地运用课堂管理艺术,渗透以德育人、文化润人的智慧时,学习才会上升到一个新的高度。

理论从书籍中获得,经验要在历练中形成。教育观念的更新、教学能力的

---

[1] 孙焱.教育家型教师发展四部曲[J].江苏教育,2020(06):35-37.
[2] 靳伟,廖伟.论教育家型教师的内涵与成长路径[J].教师教育研究,2019,31(04):53-59.

提高、教学方法的改进、管理艺术的提升,都是在课堂与管理实践中积累、丰富的。教育家型教师的成长,应当打破学科段分割,突破学科界限。教育家型教师关注的不仅是学科知识技能,更是发展学生素养,关注的不只是自己所教学科学段,而是不同学段学生学科知识、能力的整体建构与分段培养,提出和倡导的教学主张具有跨学科性,在相近学科的教学中具有可借鉴性。

教学不仅是一种技能,更是智能和智慧。教育对象的差异性、特殊性,教育过程的生成性、交互性则对教师在教育活动过程中感知、思维和实践等综合能力及其创造性提出了更高要求。这种源自教育实践的教育智慧的生成需要以教师日积月累渊博的学识以及丰富的教学经验为基石。因此,教育家型教师必须具备诚挚的教育情怀以及习惯性的教学反思能力,要在关注学生、关注课堂、关注课程、关注教育发展的实践中提升专业素养,在丰厚的实践中凝聚鲜明的教育智慧。

(四) 要潜心教育科研,创新教育实践

教育家的长人之处就在于善于观察、学习与探索。苏霍姆林斯基把帕夫雷什中学作为大实验室,对 3 500 多个学生做了观察记录和研究,总结出了系统的教育规律,成为享誉世界的大教育家。教育家型教师应是一个水平较高的教育理论与实践的研究者,要以研究者的心态置身于教育情境,关注现实问题,观察教学、调查研究、探索反思,总结分析自己的教育经验,反思提升教育教学的实践效果。

教师是基于研究的职业,需要自觉地将经验反思和理论探索在教育教学实践中有机地结合起来,教育家型教师更要有强烈的科研意识,要以研究者的眼光审视已有的教育理论和教育实际问题的状态,要着眼于应用,以教育教学活动为思考和研究的对象,以课题驱动、行动研究等方式积极开展教育教学研究,在探索实践中积累丰富的教育科研成果,促进教学水平、教育艺术的提高,也在教育科研过程中形成创新性教育理念和教育思想。

教育本就是富有创造性的工作,创新的意识、开拓的勇气是成就教育家的内在精神动力,正如陶行知所言:"敢探未发明的新理""敢入未开化的边疆"。教育家型教师要有开拓创新的精神,要树立创新理念,养成教育创新的习惯,在教学方法、课程理念、教育思想等多方面进行大胆探索,在教育教学实践中发展、创造有益于今天教育的新做法、新理论,做课程改革与教育改革的先行者,以实践创新诠释教育创新,推动教育改革创新发展。

(五) 要榜样示范教学,辐射引领发展

教育家型教师是教师专业的示范者,这种示范不仅体现在教育教学实践,还包括教育教学理念的引领。为此,教育家型教师在提高自身的教育能力的同时要深刻洞察教育规律,要把教育教学中的有效做法总结成先进经验与更多教师分享,要把教育教学深层次问题研究的进展情况和初步结果形成研究报告供更多教师参考;要把指导学校、教师、学生发展的具体做法和成功经验提升为理论,引领更多教师去推广和运用。

教育家型教师是实施教育改革的开拓者,要进行教学示范做课堂改革的先行者,进行科研引领做校本研修的组织者,进行理念传播做教育思想的引领者。教育家型教师还需要具有完善的人格魅力,这样才能使其教育的影响更为深远。正如叶澜教授所言:"教师从事的事业是育人,教师在学生面前呈现的是其全部的人格,而不只是'专业'。这就要求教师首先要自己像人一样地活着,他才能对别人产生影响,一种使其成为人的影响。"[1]

教育家型教师是提升教育品质的引领者和促进者。教育家型教师笃定的教育信念、丰富的实践智慧、鲜明的教育主张以及卓越的教育科研能力、独特的人格魅力等对普通教师的可持续发展具有深刻、持久、稳定的导向和辐射作用,其成长历程和教育情怀对现代教师队伍建设也具有积极的榜样示范和引领作

---

[1] 孙焱.教育家型教师发展四部曲[J].江苏教育,2020(06):35-37.

用。而反过来,这种导向和辐射作用以及示范和引领作用又会反哺教育家型教师的发展。①

二、教育家型教师的成长路径

教育家型教师的成长有内生性发展和外塑性促进两个方面,内生性发展主要是专业自觉下的自我发展模式,外塑性促进是政策环境支持下的发展模式,教育家型教师的成长路径力求内外用力,引领专业发展。

(一) 在专业自觉中自我发展

专业自觉是指教师在专业伦理规范下,依靠自身的专业知识、能力、情感等,对教育教学的专业任务作出专业判断和决定并付诸实践行动。专业自觉是教师自我认识与觉悟的提升,是教师具有批判意识与能力的解放理性的发展。教育家型教师的成长需要在提升专业自觉的基础上自主学习,主动实践,追求发展。

1. 专业自觉下的自主学习、自我发展

教育家型教师是始终能够面对不同的教育情境、面对不同发展阶段而不断重新学会学习的人。孔子以"学"为教学,敏而好学;陶行知向百姓大众学习而开展生活即教育;斯霞,不间断地学习教育理论,开展教育实验。教育家型教师的主动学习并非单纯地学习理论知识,而是在教育实践中把学习、研究等融合起来,最终回归到教师的教育理念和教育实践上来。

自我指导发展是注重教师个性和发展过程的模式,它充分体现了教育家型教师的重要特质,即自主性,具有内在的、积极要求的发展动机,能不断反思、探究自己的教育教学实践,能通过自我反思、自我经验分析、自我发展方向调控等

---

① 陈钱林.教育家型教师成长的有效途径[J].中国教师报,2018-12-19(012).

激励自身发展。① 教育家型教师的成长更加注重个人主动性发展。只有基于自愿的主动学习、主动发展,才能有强烈、持久的成长动力。

2. 实践基础上的专业学习、理论提升

专业学习模式是一个动态的、高效的、终身的学习过程。教育家型教师的专业学习不是停留在教学知识、技能、具体经验等方面,而是基于实践问题、基于自身经验的专业化学习与发展,专业学习不仅是获得知识,更重要的是了解知识存在的方式、来源及运用,并形成相应的理念、价值选择。而这些思想与价值的形成,必然是实践、经验、反思、实践的循环提升,与这些相关的教学叙事、行动研究、课例研究等是最有效的专业学习方式。

教育家型教师既是行动者更是研究者。可能每个教师都会有经验性的专业学习,但教育家型教师却能够从实践中提炼出更为深刻和更贴近教育意义的自身经验,形成实践性知识,并进一步指导自己的教育实践活动,这种自我教育理论建构和实践行为跟进是专业学习的关键环节,教育家型教师在这一过程使一般化的教育理论得以个人化、实践化、情境化,实现教育理论的内在领悟与教育实践的发展创新。

(二) 在政策环境中成长

教育家型教师的成长,还需要积极的教育政策和教育环境的支持,导师引领、专家指导、同伴互助,帮助有情怀、有潜力的名师提升、发展个性化教育理论,是教育家型教师成长的有效途径。

学校作为教师学习共同体,为教师营造更具有创造性和个性发挥的空间。教育家型教师的成长之路是从教育实践、从课堂、从校园里走出来的,是在促进学校教育内涵发展的进程中才能获得自身的发展。微格培训、观摩教学、案例分析、教育论坛、经验交流等路径,使教师的学习体验更加宽阔、深刻和富有成

---

① 伍雪辉.教育家型教师研究[D].湖北:华中师范大学,2013:28.

效,以合作探究为主的教师角色发展培训活动、非指导性教学的"师带徒"模式、教学诊断、教育科研等校本成长模式成为教育家型教师成长的重要组织和环境机制。①

教育家型教师同样受到国家和地方教育政策、评价机制等因素的制约。我国已科学制定教育家型教师发展规划,提出到 2035 年培养造就数以万计的教育家型教师。各地正在进行的百千万人才培养工程中教育专家、教育家培养,不仅是教师展现自我的平台,更是名师相互倾听、相互学习与进步的专业共同体。通过集中培训、网络研修、参访名校、交流访学、返岗实践、成果展示等方式,帮助教师拓展专业知识,提升教育教学专项能力,有效促进教师向教育家型教师方向不断迈进。②

教育家型教师关乎教师对教育价值与意义的追寻,关乎教师对教育理想的追求和教育实践的扎根,关乎教师在教育实践中积累、升华教育经验。③ 教育家型教师的成长,要经历掌握教育教学规律,积累教育教学经验,夯实专业知识和技能,形成教学特色和风格,沉淀教育思想,升华品格修养的持续发展过程。教育家型教师的成长是不断寻求专业发展的必然结果,只要能够立足日常教育教学,坚持育人为本,遵循教育规律,勤于反思实践,只要善于自我超越、乐于钻研教育问题、勤于积累教育见解,每一位教师都有可能发展成为教育家型教师。④

---

① 马希良.让教育家型教师落地生根[J].中国教师报,2019-01-09(01).
② 周应华.教育家型教师:引领高品质教育发展的中坚力量——以扬州市培养"教育家型教师"实践探索为例[J].江苏教育研究,2019(13):12-15.
③ 周春良.教育家型教师:当代教师发展的现实追求[J].青年教师,2012(5):20-23.
④ 许婷婷,郑友训.特级教师"誉后"发展:从"专家型教师"走向"教育家型教师"[J].中小学教师培训,2018(10):9-12.

第三节 现实案例分析

一、案例：教育家型教师窦桂梅

窦桂梅，现任清华附小党总支书记、校长。全国著名特级教师，教育学博士。东北师范大学、北京教育学院兼职教授；东北师范大学、首都师范大学硕士研究生导师；清华大学教育研究院基础教育研究所副所长；国家重点课题承担者及语文教材编写组的编委及编写人员。提名全国中小学中青年"十杰教师"，先后获得全国模范教师，全国师德先进个人，全国教育系统劳动模范，被评为"建国六十年来从课堂里走出来的教育专家"之一。窦桂梅多年来一直工作在教学一线，她所倡导的小学语文主题课程理论与实践在全国产生很大影响，在小学语文发展和学科建设上起到了引领的作用。

这个从小山村走出来的教育家型教师，她的成长之路并不是一帆风顺的，但她却在坎坷之路上积极进取，不畏困难、开拓创新，最终从一个跑龙套的"替补队员"成长为一位语文教育专家。

（一）积累与提升期

1. 立志做一名优秀的人民教师

1967年4月，窦桂梅出生在吉林省蛟河县的一个小山村，她是老大，下面还有三个弟弟妹妹。在这样的普通家庭,她从小就养成了坚韧和懂事的个性。1982年,她考进吉林师范学校读书。因为成绩优异,毕业后留校做行政工作,这份让其他同学艳羡的工作对窦桂梅来讲却毫无兴趣。因为她心底怀揣着一个教师梦,她认为读了4年师范,就该学以致用,做一名优秀的人民教师。为了实现多年的梦想,她跑进市教委,跑进各个学校,一旦见到能让她有机会成为老师的人,便紧抓着人家不放。在她不懈地努力和坚持下,几经周转,她终于如愿以偿地被分到了吉林市第一实验小学。可是,她却被安排到了教务处工作,在这个岗位,她呆了将近5年,在这期间曾帮很多老师代过课,像语文、数学、英语、音乐、品德、自然常识这些课,她都上过。对这每一次来之不易的机会她都十分珍惜,全力以赴。在别人眼里,她可能是个召之即来挥之即去的"替补队员",但她却把自己当成主力军,全身心地投入到各科教学研究之中。带音乐课,她上过吉林地区大型的音乐欣赏公开课;上数学课,她所带班级成绩名列前茅;教品德课,她"告知以理,导之以行",对学生进行教育。但窦桂梅始终钟情于语文,在这期间她多次恳请领导给她更换岗位——做语文老师。1991年,她的真诚终于打动了领导,让她当一年级的班主任兼语文老师。[1]

2. 公开课的历练

在结束了5年的"打杂"后,窦桂梅将精力投入到了语文教学研究中,为了提高自己的教学水平,她认真备课、多次练习,主动请领导、专家和同行来听课,每次领导评课提出的意见她都认认真真地记在本子上,争取在下堂课改进。1992年5月,她终于等来了一次上公开课的机会,执教《王二小》。在将近20天的准备时间里,她反复进行教学设计、试讲、推翻、再重来、再试讲,就这样一次次的循环着。家里成了她的课堂,爱人和孩子是她的学生,放学后,那一排排空座位也成了她的学生。因为准备得太投入,她经常忘记去接孩子,当托儿所阿姨把孩子送来,她就左手抱着孩子,右手拿着粉笔继续练习。公开课那天,她巧

---

[1] 汤容.语文名师成长与教师专业化发展[D].陕西:陕西理工大学,2019:10-12.

妙的情境设计、生动的语言描述、感人的配乐朗诵以及真挚的情感,深深地触动了在场的每一个人。这节课让她一鸣惊人,从那以后,她便有了更多的机会去上市级、省级公开课。1995 和 1997 年,她在全国小学语文教学大赛上获得一等奖。公开课的历练,让她的教学技艺更加精湛,让她的专业发展更加有底气。

(二) 成熟与巩固期

1. 尝试"三个超越"教改

1994 年,窦桂梅新接手了一个一年级的班。由于教学实践经验的不断丰富以及对理论研究的深入,她更加坚信语文教育应该体现人文关爱,尤其是小学语文教育。于是她"尊重教材,超越教材;立足课堂,超越课堂;尊重教师,超越教师——开展了题为'语文教育要关注人的发展'的教改实验,建立了'积累——感悟——创新'这一全新的教改模式"。① 于是这个新班级就成为了她践行自己教育理念和教改实验的主阵地。为了让学生做好积累,打好终生学习和素养发展的底子,她使用"据形释义,形义联想"的方法帮助学生识记 3 500 个常用汉字,同时她还选取了大量的古诗词、寓言故事、典故、成语、格言等让学生背诵,也推荐了 100 多本课外阅读书目,从而扩大他们的积累量。在这六年里,窦桂梅和学生一起经历风雨,并肩作战,一同成长。她尊重、赏识学生,培养他们的感悟力,激发他们的创造力,使学生在知识结构、精神潜质等方面得到全面的提高和超越。在毕业展示会上,专家随机抽查她班上 75 名同学,学生们在识字、背诵方面的能力,让专家大为赞叹。

2. 教改经验的推广

窦桂梅凭借着自己兢兢业业的工作态度和全心全力地拼搏和付出,在与学生共同努力下,教改成效不断显现,使她的事业迈上了一个又一个的新台阶。1998 年,吉林省教委召开了该省关于语文学科实施素质教育会,对她的教改经验进行推广。2000 年 7 月,"窦桂梅语文教改成果展示会"在吉林省教育厅和吉

---

① 教育部师范教育司.窦桂梅与主题教学[M].北京:北京师范大学出版社,2005:8-9.

林省教育学院的共同推动下举办，与会专家就其现代化管理、个性化教学艺术以及民族化教学思想给予了高度评价。2001年，在人民大会堂她作了关于语文教改"三个超越"的主题报告。关于语文教改"三个超越"的思想，在全国范围内产生了影响，给我国小学语文课标的修订提供了借鉴。

（三）创造与卓越期

1. 探索主题教学

2002年，上级领导将窦桂梅从吉林调入北京，在清华附小工作。新的环境给她的"教育生命再一次注入了新的活力，获得了历史上从未有过的提升"。她回顾自己在学校积累的知识，总感觉是断层的、孤立的，与其他的经验无法联系起来。于是她对已有的经验不停地进行反思，同时也思考能在"三个超越"上有所超越和提高，师生只有化为一个整体的生命进课堂，才能更好地激发课堂的活力和生命力。她广泛涉猎了大量外国系统的教育课程理论，在对西方教育比较深入的主题研究中碰撞出了"主题教学"。于是她通过课堂实践，积极地对"主题教学"进行探索。在讲授《朋友》这篇文章时，以"朋友"为主题，精心选取了四篇古今中外关于友情的文章来做教学设计。此次大胆的尝试，取得了成功，得到了校领导、老师们的鼎力支持，这使她笃定了对"主题教学"的进一步求索。她在不断学习教育教学理论的基础上，用大量的课堂实践来探索"主题教学"，随着不断深入地研究，她用温度、广度、深度为"主题教学"构建了三个维度，使主题教学从青涩走向成熟，拥有一定的高度，师生在教和学中都能得到成长。2004年，北京海淀区专门召开了"窦桂梅专业成长思想研讨会"，她在会上作了有关主题教学的专题发言，引起了相关人士的广泛关注。

2. 打造"1+X"课程体系

为实现新课程目标，在促进学生全面发展的同时也使他们的个性获得发展，2010年窦桂梅带领自己的团队，承担着国家"基础教育课程教材改革试验"的任务，立足清华附小的学情，以学校的育人目标"为聪慧与高尚的人生奠基"为依托，将主题教学的立人思想作为指导思想，着手打造基于学生素养发展的

"1+X"课程体系。"'1'是指优化整合后的国家基础性课程。'X'指在'1'的基础上,实施学生个性化特色课程,即学校特色化及学生个体性课程。① 经过几年的探索和发展,在课程整合过程中,通过改造课堂,减少重复,增加实践使教学有了较强的针对性,学生能够快乐、自由、主动地发现自我、发展个性,使学生负担得以真正减轻。同时"1+X"课程体系在课程目标、课程结构、课程内容、课时安排和课程评价方面逐步完善和成熟,形成了以意义建构、深度学习和资源整合为教学特征的教学形式。2013年11月,该课程荣获"基础教育课程建设优秀成果奖"。2015年,她在北京市作了关于"1+X"课程体系的专题报告,得到了与会者的肯定,这也意味着窦桂梅在课程改革上跨越了新的里程碑。

二、案例分析

从窦桂梅的教育人生经历,我们可以发现教育家型教师成长的共性规律。

(一) 热爱教育事业

雅斯贝尔斯在《什么是教育》一书中曾说过,"教育须有信仰,没有信仰就不成为教育,而只是教学的技术而已。有了这种信仰并且一直拥有这种信仰,就会形成一种无坚不摧、无难不克的强大力量。"从事教育事业的前提是热爱这份事业,不仅要把教育当作一项工作,还要有强烈的事业心,才能在教书育人的道路上走得从容。没有全身心的投入,就不会像窦桂梅老师那样讲好每一堂课,把课上精彩。全身心投入教育事业,是一种用生命进行的付出。每次听窦桂梅的课,讲台上的她总是神采奕奕,激情四射,她能营造一个磁场,如同头上有一轮光环,让人不容拒绝地被吸引,她的声音,抑扬顿挫,柔美深情,富有感染力。

---

① 窦桂梅、柳海民.从主题教学到课程整合——清华附小"1+区课程"体系的建构与实施[J].东北师大学报(哲学社会科学版),2014(4):163-167.

我想,对于一个把教学视为生命的教师来说,她必定是在用生命上好每一节课,她把她的精气神全洒在了课堂上。窦桂梅老师在谈到自己时说:"在掌声和鲜花的簇拥之外,我清晰地知道,要把每一节课当作公开课上,还真得上得出名堂……我要学的东西是那么多,为此,我的课才具有理念与思想的支撑,我的课才会上出风骨。晨读时间,我和学生一起背诵古诗;在语文活动中,我和学生一起讲成语典故和寓言故事;晚上,我还要阅读大量文学名著和教育专著。"其辛苦可想而知,没有一节公开课是可以轻松获得掌声的。窦桂梅对教育事业,对课堂教学的热爱已融入到她的骨子里。

(二) 勤奋好学

勤奋好学是教师主动、积极追求成长的具体体现。张衡曾说:"人生在勤,不索何获。"语文教师深厚的文学素养、渊博的知识、宽广的视野源自于平时的积累。窦桂梅虽然是正规师范院校毕业,工作五年也取得了一些不错的成绩。但是她仍然觉得自己欠缺太多,于是利用一切空闲时间疯狂地向书本学习。她面积不大的家里堆满了教育名著、文学经典和各种杂志报刊。两年时间,窦桂梅的阅读量达到300多万字,记下了20多万字的读书笔记和500多万字的文摘卡片。从23岁到32岁,再到47岁,在作为居家女人最为辛劳的时期,她从专科一直读到师大研究生课程,再到获取教育学博士学位,经历了从专科、本科、硕士到博士的漫长进修过程。除了向书本学习理论知识,窦桂梅也积极从教育实践中获取经验。短短几年,写下了10余万字的课后日记。她还积极向名师学习,几年来听了校内外1 000多节课。更是利用教材实现了以教促读、以读促教,然后以教促写的过程。窦桂梅说:"不断地积累已经成为我的自觉行为"。凭着全心全力的努力,天道酬勤,窦桂梅的文化底蕴和语文素养得到了很大的提升。

(三) 坚持教育研究

实现教育理想是教育家型教师的重要使命,应通过有效的教育研究,提升自身的教育理解,优化自身的教育方式,改进自己的教育成长路径。教育家型教师的教育研究不仅是其教育生活的一种实践,更是一种教育反思。李庾南提出:"提高教育科研水平,你才能充分了解学生,你的教学才能走上科学的轨道"。[①]

窦桂梅善于钻研教学设计,主张深度备课,她认为每一次深入拓展、深度研究与深刻思考的备课过程其实就是自身专业走向高度的过程,正是由于细腻的教材挖掘与精心的教学设计,她呈现的每堂课都是"千锤百炼出深山"。她执教的《落叶》《喜静》《再见了,亲人》都让人大为震惊,也获得了广泛赞誉。关于教育,她有很多创新的想法,1994年,窦桂梅终于将她的想法变为教育实践。她以所在学校为试点,在语文教学领域展开了改革实验。她在原有教学模式基础上,试图超越教材、课堂、教师,提出了她的"三个超越"的教育理念。之后,她在"三个超越"基础上又提出了"主题教学"思想,在"主题教学"理念基础上又提出了撬动学校的"1+X"课程理念。她不断迎接新的挑战,大胆地进行教育教学改革,促进了其自身的成长。

(四) 善于反思

将丰富的实践转化为理性的成果,关键在于反思。反思是推动学术研究不断螺旋式上升、发展的动力,同样,反思也是推动教育发展的动力。教师在每天的教育教学中都会遇到一些有价值的事情,这些教学实践的火花正是提升自我最有价值的素材。教育家型教师能做到课前对过去经验进行反思,课中对教学过程进行反思,课后对经验结果进行反思。叶澜教授指出:"一个教师写一辈子教案不可能成为教育家,但一个教师写三年教学反思就有可能成为教育家,作为教师,如果只是读书、教书,不写作、不反思、不梳理自己的成败得失,就不可能提升自己的教学理念。"教育家型教师要求自己反思每天的课堂教学,哪里成

[①] 王铁军.名校长名教师集体性个案研究[M].南京:江苏人民出版社,2005:241.

功了,哪里效果还不够好,下次再教时应该如何改进,并及时记录,最好写成较高质量的反思性文章。经常反思可以使我们成为实践的反思者。窦桂梅老师也曾说:"教师是否愿意花时间反思自己的工作,是教师是否具有专业素养的标志。"没有最好,只有更好。学海无涯,艺无止境。教师的专业追求、专业探索、专业提升,要靠不断地反思,教师要学会在言说和行动中思考,在反思批判中成长。她本人便是反思助力教师成长的典型案例。

(五) 真诚求真,锤炼思想

如果没有独立的思想、自由的人格,谈教学的个性是没有意义的。窦桂梅在自己的探索中始终保持着自己敏锐的视角。她努力突破在教育中谈教育的弊端,结合自己的阅读和实践,边阅读,边实践,边研究,力求将理论的思考、大胆的实践和既广泛又有针对性的阅读拓展结合起来,勇于用自己的言语发声,勇于上探索性的课,表现了一个不断进取、乐于追寻的新时代的小学语文教师的独特风貌。[1]

纵观窦桂梅老师的专业成长之路,她迈出的每一步都是坚实而有力量的,就这样"走一步,再走一步",从乡村走向城市,从平凡走向优秀,从普通走向卓越,从卓越走向教育家,但她背后付出的努力、流淌的汗水、经历的艰辛我们也是能体会到的。"梅花香自苦寒来",正如她所说:"教师的成长是一个达人达己的修炼过程,其动力来自教师自身的生命力和学习力,更需要教师具有职业的定力和坚毅。"

---

[1] 徐冬梅.独特的艺术源自深厚的素养[J].福建论坛(社科教育版),2008(05):13-15.

后 记

本书是本人作为广东省中小学教师培训专家工作室主持人、广州市教育专家工作室主持人，带领工作室成员共同完成的，是两个学习共同体集体智慧的结晶。教师专业发展是一个热门的话题，论述此话题的书籍和论文比较多，但比较系统地论述一位教师从教师资格考取到参加教师招聘成为正式教师，从入职教师到教坛新秀、骨干教师、卓越教师、教育家型教师的论著尚且较少，本书正是从这样的线索论述教师专业发展的，既有理论的陈述，又有实践的案例，希望对成长中的教师有一定的指导作用。

全书由本人设计、构思、统稿，各章节都体现了本人关于教师专业发展是一个渐进的发展过程的思想，总论由本人撰写，第一至七章由工作室成员编写，具体写作如下：第一章第一节由庄雪梅编写，第一章第二节由谭泽光编写，第一章第三节由李霞编写；第二章第一节由林绮芳编写，第二章第二节由陈辉编写，第二章第三节由薛建辉编写；第三章第一节由李巧儿编写，第三章第二节由潘少伟编写，第三章第三节由陈舟驰编写；第四章第一节由吴健苗编写，第四章第二节由林洁霞编写，第四章第三节由陈庆礼编写；第五章第一节由陈柱科编写，第五章第二节由唐信焱编写，第五章第三节由刘小平编写；第六章第一节由石军编写，第六章第二节由朱穗清编写，第六章第三节由唐逢春编写;第七章第一节由陈伟编写,第七章第二节由王萍编写,第七章第三节由邓梅编写。

王定铜

2020 年 4 月 19 日

课堂教学的30个微技术	978-7-5760-1043-5	52.00	2020年12月
教学诠释学	978-7-5760-0394-9	42.00	2020年9月
原点教学：提升区域育人质量的策略研究			
	978-7-5760-0212-6	56.00	2020年8月
聚焦学科核心素养的课堂教学	978-7-5675-8455-6	36.00	2018年11月
指向学科核心素养的课堂教学范式	978-7-5675-8671-0	54.00	2019年6月

学校课程发展丛书

数学学科课程群	978-7-5675-9445-6	58.00	2019年8月
科学学科课程群	978-7-5675-9593-4	34.00	2019年9月
核心素养与课程设计	978-7-5675-9462-3	46.00	2019年9月
语文学科课程群	978-7-5675-9441-8	56.00	2019年9月
品牌培育与学校课程	978-7-5675-9372-5	39.00	2019年9月
英语学科课程群	978-7-5675-9575-0	39.00	2019年10月
体艺学科课程群	978-7-5675-9594-1	34.00	2019年10月
跨学科课程的20个创意设计	978-7-5675-9576-7	34.00	2019年10月
学校课程与文化变革	978-7-5675-9343-5	52.00	2019年10月

品质课程实验研究丛书

学校课程框架的建构：HOME课程的旨趣与架构			
	978-7-5675-9167-7	36.00	2019年9月
聚焦育人目标的课程设计：红棉花季课程的愿景与追求			
	978-7-5675-9233-9	39.00	2019年10月
核心素养导向的课程设计：花园式课程的文化与聚焦			
	978-7-5675-9037-3	48.00	2019年10月

学校课程文化的实践脉络：百步梯课程的逻辑与架构

978 – 7 – 5675 – 9140 – 0　　48.00　　2019 年 11 月

学校课程发展策略：SMILE 课程的逻辑与深度

978 – 7 – 5675 – 9302 – 2　　46.00　　2019 年 12 月

聚焦内涵发展的课程探究：芳香式课程的理念与实施

978 – 7 – 5675 – 9509 – 5　　48.00　　2020 年 1 月

以儿童为中心的课程：欢乐谷课程的旨趣与维度

978 – 7 – 5675 – 9489 – 0　　45.00　　2020 年 1 月

学校课程体系的建构："小螺号课程"的架构与创生

978 – 7 – 5760 – 0445 – 8　　45.00　　2020 年 9 月

特色学校聚焦丛书

每一个孩子都是一棵树　　　　978 – 7 – 5675 – 6978 – 2　　28.00　　2018 年 1 月

教育不是一个人的事："众教育"36 条

978 – 7 – 5675 – 7649 – 0　　32.00　　2018 年 8 月

不一样的生命，一样的精彩　　978 – 7 – 5675 – 8675 – 8　　34.00　　2019 年 3 月

童味正醇：特色学校的文化图谱　978 – 7 – 5675 – 8944 – 5　　39.00　　2019 年 8 月

特色普通高中课程建设探索　　978 – 7 – 5675 – 9574 – 3　　34.00　　2019 年 10 月

儿童是天生的探索者：360°科学启蒙教育

978 – 7 – 5675 – 9273 – 5　　36.00　　2020 年 2 月

做精神灿烂的教师：教师自我成长的 5 个密码

978 – 7 – 5760 – 0367 – 3　　34.00　　2020 年 7 月

让教育温暖而芬芳　　　　　　978 – 7 – 5760 – 0537 – 0　　36.00　　2020 年 9 月

快乐教育与内涵生长　　　　　978 – 7 – 5760 – 0517 – 2　　46.00　　2020 年 12 月

跨学科课程丛书

大情境课程：主题设计与创意评价
　　　　　　　　　　　　　　978 – 7 – 5760 – 0210 – 2　　44.00　　2020 年 5 月
社会参与素养的培育模型与干预机制
　　　　　　　　　　　　　　978 – 7 – 5760 – 0211 – 9　　36.00　　2020 年 5 月
大概念课程：幼儿园特色主题活动设计
　　　　　　　　　　　　　　978 – 7 – 5760 – 0656 – 8　　52.00　　2020 年 8 月

核心素养导向的课堂教学丛书

漾着诗性智慧的课堂教学　　　978 – 7 – 5675 – 9308 – 4　　39.00　　2019 年 7 月
转识成智的课堂教学：核心素养导向的历史教学
　　　　　　　　　　　　　　978 – 7 – 5760 – 0164 – 8　　40.00　　2020 年 5 月
学导式教学：学会学习的教学范式
　　　　　　　　　　　　　　978 – 7 – 5760 – 0278 – 2　　42.00　　2020 年 7 月

特色课程建设丛书

教师，生长的课程　　　　　　978 – 7 – 5760 – 0609 – 4　　34.00　　2020 年 12 月
学校课程发展的实践范式　　　978 – 7 – 5760 – 0717 – 6　　46.00　　2020 年 12 月